Maren Ballerstedt • Konstanze Buchholz

ES REGNET FEUER!

Die Magdeburger Schreckensnacht am 16. Januar 1945

Wartberg Verlag

Fotonachweis: Stadtarchiv Magdeburg
Seite 21, Privatbesitz Elisabeth Tolksdorf

1. Auflage 2003

Satz und Layout: Grafik & Design Ulrich Weiß, Gudensberg
Druck: Thiele & Schwarz, Kassel
Buchbinderische Verarbeitung: Buchbinderei Büge, Celle

34281 Gudensberg-Gleichen, Im Wiesental 1
Telefon: 0 56 03/9 30 50
www.wartberg-verlag.de
ISBN 3-8313-1367-9

Verheerend waren die Luftangriffe im Zweiten Weltkrieg: Warschau, Rotterdam, Coventry, London, Belgrad ... Lübeck, Köln, Hamburg, Dresden, Magdeburg ... – die Aufzählung der zu Schutt und Asche gebombten Städte ließe sich lange fortsetzen. Der von Nazi-Deutschland entfesselte Krieg schlug entgegen der faschistischen Propaganda bald vernichtend in sein Ursprungsland zurück. Die Kriegführung spielte sich nicht nur an der Front ab. Sie traf mit ganzer Härte die Zivilbevölkerung – sowohl außerhalb als auch innerhalb Deutschlands. Verfolgung und Mord, Terror und Vernichtung erreichten nicht mehr vorstellbare Dimensionen.

Seit dem Ende des Zweiten Weltkrieges sind Jahrzehnte vergangen. Doch sein Schrecken und seine Auswirkungen sind noch immer gegenwärtig – in den Erinnerungen der Familien, auf Friedhöfen, in den Städten, Archiven, Museen, nicht zuletzt in den Medien. Wie in vielen Orten, so verloren auch in Magdeburg Tausende auf qualvolle Weise ihr Leben. Zahlreiche kulturhistorische Bauten und ganze Straßenzüge verschwanden für immer aus dem Stadtbild. Wer heute durch die großzügig angelegte moderne Magdeburger Innenstadt wandelt, ahnt kaum etwas von den vielen kleinen Straßen und Gassen, die dies- und jenseits des Breiten Weges verliefen. An Standorte und Aussehen der ehemaligen Altstadtkirchen erinnern bronzene Modelle, die vor wenigen Jahren unter großer Anteilnahme der Bevölkerung aufgestellt wurden. Ihre Glocken können nicht mehr einstimmen in das Geläut der anderen Magdeburger Kirchen, das jährlich am Abend des 16. Januar 1945 erklingt. Es ertönt zum Gedenken und als Mahnung vor Krieg und Zerstörung. „Jedes Jahr am 16. Januar liegen die Nerven brach", so äußerte eine Magdeburgerin, die die Zerstörung ihrer Heimatstadt an jenem Tag des Jahres 1945 miterlebte. Können Ängste und Verzweiflung während und nach den Bombenangriffen überhaupt in Worte gefasst werden? Wer hat je die Opfer gezählt, die durch diese Ereignisse noch jahrelang, ja ihr ganzes Leben traumatisiert blieben? Ein Maß für die Tiefe körperlicher und seelischer Wunden des Krieges gibt es nicht.

Der 16. Januar 1945 ist als eines der schrecklichsten Daten der langen Magdeburger Geschichte tief im Bewusstsein der Bevölkerung verwurzelt. Wie auch immer die Debatte über den Sinn der verheerenden Bombenangriffe auf deutsche Städte geführt wird, am Ende standen Leid und Zerstörung. Mit diesem Buch soll ein Bild von Magdeburg, vom Leben in dieser Stadt aus der Zeit vor, während und nach der verhängnisvollen Zerstörung vermittelt werden. Es stellt nicht den Anspruch einer lückenlosen Auswertung aller Bombardements und sonstiger kriegsbedingter Ereignisse. Anhand einer Auswahl historischer Fotos, hauptsächlich aus dem Innenstadtbereich, sowie Aussagen von Zeitzeugen soll vielmehr ein Stück Magdeburger Geschichte aus schwerer Zeit nahe gebracht werden. Zur Erinnerung an Vergangenes und als Mahnung für Gegenwart und Zukunft!

Die Magistrale

Eine Großstadt mit ihrem facettenreichen Leben lockt immer Menschen an. Das war früher nicht anders als heute. Wer immer in das alte Magdeburg kam, war wohl von der barocken Magistrale, dem Breiten Weg, begeistert. Ein Stadtführer der zwanziger Jahre bezeichnete ihn trotz aller baulichen Veränderungen noch immer als „schönste deutsche Geschäftsstraße“.

Breiter Weg nach Süden gesehen vom Grundstück Nr. 34 aus, 1941.

Der Breite Weg nach Norden gesehen mit Ulrichsbogen (Breiter Weg 159) und Katharinenkirche im Mai 1941. Durch den Ulrichsbogen gelangte man in die Neue Ulrichstraße.

Denn", so heißt es weiter, „wo gäbe es in den enggedrängten alten deutschen Großstädten einen mehr als zwei Kilometer langen Verkehrszug in der Stadtmitte von solcher Breite und von solcher Fülle geschichtlicher Denkmäler (...) nördlich springt die kräftige Turmwand der Katharinenkirche mit ihren zierlichen Doppelhelmen in die Sehachse, südlich verstellt ein schönes Bürgerhaus den Blick, und das gegenwärtig stattlichste, jedenfalls größte aller Bauwerke, das sogenannte Pieschelsche Haus mit einem prunkvoll getreppten Barockgiebel gliedert sich an." Nicht weit entfernt vom Breiten Weg befand sich die 160 Meter lange Geschäftsstraße Tischlerbrücke, die besonders in der Vorweihnachtszeit mit ihren geschmückten Tannengirlanden Groß und Klein anzog. „Wir Kinder drückten uns unsere Nasen platt vor den Schaufenstern. Ab und zu bekamen wir dann auch einmal einen Pflasterstein oder einen Honigkuchen", erinnert sich Jutta Melchior, die damals in Magdeburg lebte. In den Straßen der Großstadt Magdeburg herrschte ein pulsierendes Treiben. Große Warenhäuser und zahllose kleine Geschäfte lockten die Kunden zum Kauf. Geschäft an Geschäft reihte sich am Breiten Weg. Hier befanden sich so bekannte Warenhäuser, wie Gebr. Barasch (später Kaufhaus Lemke) in Höhe des Alten Marktes, Woolworth & Co. (Nr. 146), das Modehaus Horn (Nr. 50–52), C & A Brenninkmeyer (Nr. 109).

Breiter Weg 71–79 mit den Türmen der Katharinenkirche in der Mitte, Juni 1937.

Das Pieschelsche Haus am Breiten Weg 12 im Jahre 1941.

Der Alte Markt mit dem Rathaus und der Johanniskirche im April 1939. Im Vordergrund rechts ist die Börse, das ehemalige Seidenkramerinnungshaus, zu sehen.

Reges Markttreiben auf dem Alten Markt. Ansicht von Osten.

Breiter Weg mit dem „Magdeburger Bierhaus“ 12. Juni 1937.

Blick vom Breiten Weg in die Alte Ulrichstraße im Januar 1931. Im Hintergrund ist ein Turm der Ulrichskirche zu sehen.

Das Has Breiter Weg 55 befand sich in unmittelbarer Nähe des Alten Marktes.

Die Kölner Straße 1944. Im Hintergrund die Türme der Ulrichskirche.

HAUS-u. KÜCHENGERÄTE
Lindner
PELZE
Pelze
CARL PIEHLER
Anfertigung in eigenen Werkstätten
TAPETEN GEBR. SCHRÖDER LINOLEUM
TAPETEN

Breiter Weg 64–66, Juni 1937. Am linken Bildrand ist ein Teil des Ratswaageplatzes zu sehen.

Freizeitvergnügen

Das geschäftige Treiben vom Tage schien sich am Abend fortzusetzen. Zahlreiche Kinos, mehrere Theater und Varietés lockten mit ihren vielfältigen Programmen. Allerdings unterlag das kulturelle und künstlerische Leben in Magdeburg, das in den zwanziger Jahren weite Anerkennung genoss, zur Zeit der Nazi-Herrschaft einer scharfen Zensur.

Breiter Weg 27–30. Im Haus Nr. 30 befand sich seit Anfang des 20. Jahrhunderts das Schlosscafé, eines der bekanntesten Magdeburger Cafés. Das Barockportal konnte nach der Zerstörung aus den Trümmern geborgen werden und ziert heute das Eckgebäude Breiter Weg/Leiterstraße.

Bahnhofstraße zwischen Kantstraße und Viktoriastraße mit dem Central-Hotel, Bahnhofstraße 4.

Ein Anziehungspunkt für künstlerisches und geselliges Leben in Magdeburg war zum Beispiel der Fürstenhof in der Prälatenstraße (heute Max-Josef-Metzger-Straße), gegenüber der Himmelreichstraße. Seit Anfang der zwanziger Jahre befanden sich in dessen ehemaligem Prunksaal die Fürstenhof-Lichtspiele „Füli“, wo noch bis zur Zerstörung Filme zu sehen waren. Auch die Kammerlichtspiele auf dem Breiten Weg 141, die Walhalla-Lichtspiele in der Apfelstraße 12, die Casino-Lichtspiele auf dem Breiten Weg 104, der Deulig-Palast auf dem Alten Markt, die Clou-Lichtspiele auf dem Breiten Weg 84 und nicht zuletzt „Fata Morgana“ in der Kölner Straße waren beliebte Kinos.

Eine besondere Attraktion der Innenstadt war schon seit den zwanziger Jahren eine auffällige Lichtreklame. Manch ein Besucher kam gerade deswegen nach Magdeburg. Wer über Nacht bleiben wollte, hatte die Auswahl zwischen zahlreichen Hotels, die schon in Bahnhofsnähe zum Bleiben in der Elbestadt aufforderten, zum Beispiel der Magdeburger Hof, das Continental-Hotel, das Central-Hotel, das Bellevue und viele mehr. Fremde und Einheimische fanden gute Gastronomie sowie Unterhaltung in unzähligen Kaffeehäusern und Speisegaststätten. Musik und Tanz boten zum Beipiel die bekannten Kaffeehäuser „Hohenzollern“ (Hozo), das Café Peters, das Schlosscafé, das Café „Excelsior“ und das Café „Weißer Schwan“ auf dem Breiten Weg. Nicht zu vergessen sind das Palast-Café in der Alten Ulrichstraße und das Café „National“ in der Großen Münzstraße. Viele Menschen zog es auch in die Magdeburger Parkanlagen mit ihren Ausflugslokalen. Beliebt waren unter anderem der „Herrenkrug“, die Lokale im Ausstellungsgelände am Adolf-Mittag-See, an der Südspitze des Rotehornparkes, ferner der „Klosterbergegarten“ in der Schönebecker Straße 129, die „Wilhelma“ in der Lübecker Straße, der „Lindenhof“ an der Leipziger Chaussee, die „Waldschänke“ im Biederitzer Busch und die an der Kreuzhorst gelegene Gastwirtschaft „Luisenthal“.

Blick vom Breiten Weg auf das Haus Hasselbachplatz 3 zwischen Sternstraße und Hallischer Straße, 1938.

Blick durch die Breite Straße auf den Domplatz, 1937.

Kleine Junkerstraße, eine der engen Altstadtgassen, Dezember 1932.

Johannisfahrtstraße 12 und Trommelsberg 3 und 4, 1938.

Barockbauten Holzhof 6/7. Im Haus Nr. 6 führte ein ganz mit Delfter Fliesen ausgelegter Gang vom Portal zum Hof, 1928.

Jakobikirche vom Tränsberg aus gesehen, 1937.

Augustastraße 36–39, heute Hegelstraße, 1940.

Die Barockbauten an der Ostseite des Domplatzes im Jahre 1941.

Teil der dicht bebauten Altstadt entlang der Johannisbergstraße. Die Johannisbergstraße führte direkt auf die Strombrücke. Dieser Blick vom Turm der Johanniskirche bis zum östlichen Elbufer stammt aus dem Jahre 1936.

Das Gesicht einer Stadt

Demjenigen, der von Osten auf die Stadt zukam, zeigte sich vom Fluss aus eine beeindruckende Stadtsilhouette. Viele doppeltürmige Kirchen kündeten stolz vom Wohlstand früherer Jahrhunderte – allen voran der mächtige, alle anderen Gebäude hoch überragende Dom, der erste gotische Sakralbau auf deutschem Boden. Jetzt, in den ersten Jahrzehnten des 20. Jahrhunderts, offenbarte sich Magdeburg als eine moderne Großstadt und wichtiger Wirtschaftsstandort. Unter dem sozialdemokratischen Oberbürgermeister Hermann Beims waren in den zwanziger Jahren wegweisende Leistungen der Elbestadt im Wohnungsbau, im Gesundheits- und im Schulwesen vollbracht worden. Magdeburg besaß damals nicht nur als Stadt des neuen Bauwillens, sondern auch als hervorragender Ausstellungsort einen weit über die Stadtgrenzen hinausgehenden Ruf.

Ein bedeutender Verkehrs- und Industriestandort

Beachtliche Industrievorhaben konnten im Norden der Stadt realisiert werden, so der Bau des Mittellandkanal-Hafens ab 1929, die Inbetriebnahme der Großgaserei im Jahre 1930, eines modernen Großkraftwerkes (Mikramag) und der Zinkhütte der Bergwerkgesellschaft Georg von Giesche's Erben 1933/34.

So präsentierte sich die Magdeburger Stadtsilhouette von der Elbe aus im August 1939. Bemerkenswert sind die zahlreichen Kirchtürme vom Dom bis zur Jakobikirche.

Infolge der weltweit einsetzenden Konjunktur nach der Weltwirtschaftskrise nahm die Produktion in Magdeburg einen enormen Aufschwung. Seit 1933 stand Dr. Fritz Markmann an der Spitze der Stadtverwaltung. Etliche der in der Weimarer Republik begonnenen kommunalpolitischen Vorhaben wurden fortgesetzt, wie Industrieansiedlungen und der Siedlungsbau. Mehrere neue Siedlungen entstanden, zum Beispiel die Lindenhofsiedlung, die Siedlung am Schiffshebewerk, die Hugo-Junkers-Siedlung und die Brabag-Siedlungen in Rothensee. Ein großer Teil der Siedlungen war für Arbeiter und Angestellte der Großunternehmen bestimmt. Deren Produktion stand mehr und mehr im Zeichen der von den Nationalsozialisten betriebenen Aufrüstung.

Im Wirtschaftskonzept der Nationalsozialisten kam Magdeburg als Ort der Rüstungsindustrie eine wichtige Rolle zu. Die Wirtschaft erlebte eine Scheinblüte. Magdeburg wurde im Zuge der Aufrüstung zu einem bedeutenden Verkehrs- und Industriestandort der NS-Wirtschaft ausgebaut. Hiervon zeugen die Einweihung der Brücke der Pioniere 1934, die Aufnahme des Flugverkehrs auf dem Flugplatz Süd 1936, die Fertigstellung der Autobahn Berlin–Hannover 1937 sowie die Fertigstellung des Mittellandkanals und des von der Fried. Krupp Grusonwerk AG errichteten Schiffshebewerkes Rothensee 1938. Damit war die Verbindung von Mittellandkanal und Elbe geschaffen und Magdeburg zu einem Knotenpunkt der deutschen Binnenschifffahrt geworden. Emsiger Schiffsverkehr herrschte auf der Elbe. Auf so manchem historischen Foto reihen sich die Lastkähne in langer Reihe aneinander.

Neue Produktionsstätten entstanden. Ein großes Werk zur synthetischen Herstellung von Benzin aus Braunkohle, die Braunkohle-Benzin-AG (Brabag), wurde 1936 am Schwerin-Krosigk-Damm (heute August-Bebel-Damm) errichtet. 1936 übernahm die Junkers Flugzeugwerk AG in Dessau das hiesige Junkers Motorenwerk und die Magdeburger Werkzeugmaschinenfabrik GmbH. Das Magdeburger Junkerswerk in der Neustadt produzierte Motoren, hauptsächlich Flugmotoren. Es war einer der größten Betriebe der Stadt.

Der Ausbau der Schwer- und Rüstungsindustrie war nicht nur vom Abbau der Arbeitslosigkeit begleitet, sondern hatte den Zuzug zahlreicher Arbeitskräfte zur Folge. Am 31. März 1938 lebten in Magdeburg 327 394 Menschen. Ihre Zahl sollte sich bald noch erhöhen, nach dem Krieg aber niemals wieder erreicht werden.
Während die Magdeburger ihren alltäglichen Geschäften und Besorgungen und auch Vergnügungen nachgingen, bereitete die NS-Diktatur das Land zielgerichtet auf einen neuen Krieg vor. Hitlers Legion Condor erprobte 1937 in Guernica den Luftangriff und richtete grausame Zerstörungen an. Der Name dieser Stadt wurde zum Symbol für den deutschen Luftterror.

Großgaserei mit Mikramag, 1938.

Erziehung zum „luftschutzgemäßen Verhalten"

Maßnahmen zum Schutz der Zivilbevölkerung vor einem möglichen Krieg aus der Luft setzten schon lange vor Ausbruch des Zweiten Weltkrieges ein. Denn eines war nach den Erfahrungen des letzten Krieges gewiss: Bei künftigen bewaffneten Auseinandersetzungen würde dem Einsatz von Bomberflugzeugen eine große Rolle zukommen. Seit dem Ersten Weltkrieg hatten sich die technischen Möglichkeiten der Kriegführung weiterentwickelt. Bombentragende Flugzeuge konnten ihre Last weit in das Hinterland bringen. So gründete sich am 1. November 1932 in Magdeburg eine Ortsgruppe des Deutschen Luftschutzverbandes e.V. Berlin. Noch im gleichen Jahr fand hier eine Luftschutzübung statt.

Mit Errichtung der NS-Diktatur wandten sich die Nationalsozialisten verstärkt dem Thema Luftschutz zu. Am 29. April 1933 erließ der damalige Reichskommissar und spätere Reichsminister für die Luftfahrt, Hermann Göring, den Aufruf „Luftschutz tut not!" Darin verkündete er die Gründung des Reichsluftschutzbundes und rief die Bevölkerung zu tätiger Mitarbeit in diesem Verein auf. Der Verein sollte „in allererster Linie die moralischen Voraussetzungen schaffen, ohne die ein Volk nicht fähig ist, einen modernen Luftangriff zu ertragen" (Wille 1995, S. 39), heißt es in dem Aufruf. Knapp 15 Jahre nach Beendigung des Ersten Weltkrieges mussten die Menschen von einer angeblichen Bedrohung tausender Bombenflieger hören. Von nun an wurden sie in Lehrgängen und Übungen systematisch mit Luftschutzmaßnahmen vertraut gemacht. Luftschutzwarte lernten, wie sie die Luftschutzgemeinden in den einzelnen Häusern oder Häuserblocks zu führen hatten.

Ende September 1934 fand in Magdeburg eine dreitägige Luftschutzübung statt. Immer häufiger wurden so genannte Luftschutztage veranstaltet. Die 1935 gesetzlich eingeführte Luftschutzpflicht sah eine Dienstpflicht und eine Sachleistungspflicht vor. Zur Dienstpflicht gehörten unter anderem Verdunkelung, Brandbekämpfung, Erste Hilfe und Räumarbeiten. Die Sachleistungspflicht umfasste zum Beispiel den Bau von Luftschutzräumen, die Bereitstellung von Geräten usw. In allen Stadtteilen Magdeburgs wurden zahlreiche Beratungsstellen eingerichtet, in denen sich die Bevölkerung zu Fragen des Luftschutzes Auskunft holen konnte.

Der Luftschutz gliederte sich in den betrieblichen Luftschutz (Werkluftschutz) und in den so genannten Selbstschutz. Für den Werkluftschutz mussten die Arbeitnehmer („Gefolgschaftsmitglieder") Ausbildungskurse zu Wachdiensten, Brandwachen, Entgiftern, Sanitätern etc. absolvieren. Der Verwaltungsbericht der Stadt Magdeburg 1940/41 verkündete, dass Ende März 1941 70 Prozent der städtischen „Gefolgschaftsmitglieder" luftschutzmäßig geschult waren. Zum Selbstschutz im privaten Wohnumfeld gehörte unter anderem die Bereitstellung von Verbandsmaterial, Luftschutzgepäck, Gasmasken und Löschgeräten, wie Feuerpatschen, Schaufeln, Sand, Wassereimern und Äxten. Die Bevölkerung stand diesen Dingen meist noch gelassen gegenüber. So stellte der Polizeipräsident als örtlicher Luftschutzleiter nach einer Übung im September 1937 fest, es sei nicht gelungen, ein „luftschutzgemäßes Verhalten" zu erreichen. Die Magdeburgische Zeitung hingegen verkündete am 25./26. September 1937 auf propagandistische Weise, dass die gesamte Bevölkerung in vorbildlicher Weise bei der gerade absolvierten Verdunkelungsübung des zivilen Luftschutzes mitgearbeitet habe. Doch wiederholt mussten die Einwohner vor Ausbruch des Krieges dazu aufgefordert werden, sich Gasmasken zu beschaffen. Kaum jemand konnte sich damals wohl vorstellen, Luftschutzmaßnahmen bald im Ernstfall anwenden zu müssen.

Oberbürgermeister Dr. Fritz Markmann sah sich im Oktober 1941 veranlasst, die Mitarbeiter der Stadtverwaltung zu ermahnen, die Verdunkelungseinrichtungen in den stadteigenen Gebäuden schonend zu behandeln. Es hatte sich gezeigt, dass sie nicht mit der erforderlichen Sorgfalt bedient und dadurch beschädigt worden waren. Der Magdeburger General-Anzeiger rief am 11. August 1939 dazu auf, sich ab sofort „luftschutzgemäß zu verhalten". Der Kriegsausbruch stand unmittelbar bevor. Die meisten Magdeburger wähnten sich in Sicherheit. Sie hielten das Vordringen gegnerischer Bombenflugzeuge für ausgeschlossen.

Mädchen auf dem Hof des Mietshauses Schönebecker Straße 34 nach einer Luftschutzübung, ca. 1937. Die feuchten Tücher zum Schutz vor Rauch haben sie noch umgebunden. Oben links ist ein Teil des Zinkeimers zu sehen, der an einer Teppichstange hing und zur Alarmierung diente, indem der Luftschutzwart kräftig gegen ihn schlug.

Es wird dunkel in der Stadt

Die Lichter, die in der Vorkriegszeit das abendliche Magdeburg erhellten und den Glanz der Großstadt weithin erstrahlen ließen, erloschen mit Ausbruch des Zweiten Weltkrieges allmählich. Grund dafür waren die Verordnungen zur Verdunkelung künstlicher Lichtquellen, deren Einhaltung mit Fortschreiten des Krieges immer strenger kontrolliert wurde. Damit sollte feindlichen Fliegern die Orientierung und das Auffinden ihrer Ziele erschwert werden. Die Straßen waren nur noch schwach oder gar nicht beleuchtet. Zur Orientierung wurden Bordsteinkanten, Brückenbrüstungen und bestimmte Bäume mit einem weißen Anstrich versehen. In Nächten ohne Mondschein war es besonders finster, und anfangs schien es eine Attraktion zu sein, die Großstadtstraßen im Dunkeln zu erleben.

Die Fenster der Wohnungen mussten abends mit schwarzen Rollos abgehängt werden. Die Luftschutzwarte wachten streng darüber, dass auch wirklich kein Lichtspalt hindurchdrang. Die Verordnungen galten ferner für Auto- und Fahrradscheinwerfer, die ab Oktober 1940 mit Schlitzblenden ausgerüstet sein mussten. Die Lampen in den Straßenbahnen waren mit einer dunklen Farbe überstrichen, so dass sie nur mattes Licht abgaben.
Die Verdunkelung war zumindest in den ersten Kriegsjahren eine wichtige Voraussetzung nächtlicher Tarnung. Mit der Weiterentwicklung elektronischer Ortungsmittel verlor sie später ihren Tarncharakter, blieb aber dennoch Pflicht. So ermahnte ein Aufruf in der Magdeburgischen Zeitung vom 25. November 1943 die Einwohner, sich bei Fliegeralarm auf der Straße keine Zigaretten, Zigarren oder Pfeifen anzustecken. Eine Taschenlampe oder ein

Streichholz könnten „gerade im Augenblick des Alarms eine ganze Stadt verraten...“. Missachtung der Vorschriften konnte leicht als Feindbegünstigung ausgelegt werden und harte Strafen nach sich ziehen.

Aus Kellern werden Luftschutzräume

1939 traten die Luftschutzmaßnahmen in eine neue Phase ein. Eine erste sichtbare Veränderung, die der Ausbruch des Krieges für die Bevölkerung der Stadt Magdeburg mit sich brachte, war der Bau von Luftschutzeinrichtungen. Dazu zählten in erster Linie Bunker, Feuerlöschteiche und die Errichtung öffentlicher Luftschutzräume. Eine Durchführungsverordnung zum Luftschutzgesetz verpflichtete im August 1939 alle Hausbesitzer, das Kellergeschoss luftschutzgerecht auszubauen, soweit das nicht bereits geschehen war. Die Keller sollten die Wucht des zusammenbrechenden Hauses möglichst auffangen können. Durch die Kellerfenster durften weder Splitter noch Gas eindringen können, so dass Splitterschutz-Vorrichtungen nach genauen Vorschriften angebracht werden mussten. Der Raum vor dem Eingang zum Luftschutzkeller war als Gasschleuse herzurichten.

Die alten Häuser aus dem 18. und 19. Jahrhundert waren für solche Maßnahmen kaum geeignet. Ihre Erbauer hatten die Keller zu anderen Zwecken angelegt. Nun aber mussten Deckenverstärkungen, Stahlblechläden mit Gummidichtung vor den Kellerfenstern, Stahlblechtüren usw. angebracht werden. Die Lage der Luftschutzkeller war an den Häuserwänden deutlich zu kennzeichnen. Als später die Fliegeralarme wirklich einsetzten, liefen die Menschen aus den Altstadthäusern möglichst zu den öffentlichen Luftschutzräumen und Bunkern, da sie mehr Sicherheit boten.

Bis Anfang 1941 wurde durch 6000 Mauerdurchbrüche ein unterirdisches Verbindungsnetz geschaffen, um den Menschen bei Verschüttung oder Eindringen von Rauch die Möglichkeit zur Flucht zu geben. Der Verwaltungsbericht der Stadt Magdeburg meldete 1941 ferner die Existenz von 120 öffentlichen Luftschutzräumen. Ein öffentlicher Luftschutzraum befand sich zum Beispiel im Gebäude Oranienstraße 11 (heute Danzstraße), der ungefähr 200 Menschen fassen konnte. Bei dem schweren Angriff am 16. Januar 1945 sollten darin mehr als 300 Personen lebensrettenden Schutz finden, wie es aus einem im Stadtarchiv Magdeburg überlieferten Bericht eines Luftschutzwartes vom 10. Februar 1945 hervorgeht. Magdeburg verfügte außerdem 1941 über 17 unterirdische Wasserbassins und zehn Feuerlöschteiche, die der Unternehmen nicht mitgezählt.

Zur luftschutzgemäßen Sicherung der öffentlichen Gebäude, wie Schulen und Krankenhäuser, wurde ab 1942 der Bereitschaftsdienst personell und zeitlich ausgedehnt. Alle in den jeweiligen Institutionen arbeitenden Jugendlichen zwischen 16 und 18 Jahren sowie Frauen mit Kindern mussten Luftschutzdienst leisten, ab Frühjahr 1944 alle „Gefolgschaftsmitglieder“ zwischen dem 15. und 70. Lebensjahr. In den Schulen waren nicht nur Lehrkräfte, sondern auch Schüler der höheren Klassen zum Luftschutzdienst eingeteilt. Der Luftkrieg bestimmte mehr und mehr das alltägliche Leben der Magdeburger.

Nach einer Übung in der Nacht zum 23. September 1937 zum Beispiel schrieb die Magdeburgische Zeitung: „Gewiß ist der Breite Weg im Zustande der Verdunkelung besonders reizvoll, und viele Magdeburger lassen sich daher die Gelegenheit, diesen Anblick zu genießen, nicht entgehen. Es ist aber am Tage schon verkehrswidrig, sich an Brennpunkten des Verkehrs, wie etwa die Ecken Breiter Weg-Ulrichstraße und Breiter Weg-Münzstraße, in Gruppen auf dem Bürgersteig zu versammeln. Während der Verdunkelung darf es auf keinen Fall zu diesen Ansammlungen kommen. Sonst ereignet sich, daß, was man am Mittwochabend beobachten konnte, alle Augenblicke ein paar Menschen zusammenrennen ...“ Elisabeth Duderstaedt (geb. 1929) erinnert sich: „Auf der Straße stieß man leicht gegen einen Laternenpfahl oder rempelte andere Menschen an.“ Wer sich eigens dafür vorgesehene leuchtende Plaketten ansteckte, konnte leichter erkannt werden. In den Straßen sah man dann viele „sich bewegende leuchtende Punkte“, so Elisabeth Duderstaedt.

Luftschutzkeller das Hauses Otto-von-Guericke-Straße 13, April 1942.

Die Bunker

Im Herbst 1940 wurde ein Bunkerbauprogramm für das gesamte Deutsche Reich beschlossen. In 79 rüstungswirtschaftlich und militärstrategisch wichtigen Städten sollten bombensichere Bauten errichtet werden. Auch Magdeburg galt sowohl wegen seiner strategischen Lage in der Nähe der Reichshauptstadt und der Leunawerke als auch wegen seiner Rüstungsproduktion als schutzwürdig. Bis Mitte 1941 wurden in Magdeburg zehn Bunker und drei bombensichere Operationsbunker gebaut, wobei vermutlich Kriegsgefangene und fremdländische Arbeiter zum Einsatz kamen.

Bunker befanden sich zum Beispiel auf dem Körnerplatz (heute Schellheimerplatz), auf dem Platz vor dem Stadttheater (heute zwischen der Straße Am Alten Theater, Otto-von-Guericke-Straße und Hasselbachstraße), auf dem Ernst-vom-Rath-Platz westlich der heutigen Jakobstraße/Ecke Tränsberg und auf dem Nicolaiplatz. In der Nähe der Johanniskirche lag der so genannte Elbbunker. Er bildet heute die westliche Brückenauflage für die Strombrücke. Am Nordpark und in der Johannisfahrtstraße (südlich der Johanniskirche) waren Hochbunker errichtet worden. Deren Bau benötigte weniger Schachtarbeiten und weniger Beton.

Die bombensicheren Operationsbunker befanden sich in den Krankenhäusern Sudenburg und Altstadt sowie in der Landesfrauenklinik. Der Bunker am Stadttheater verfügte über 1800 Sitz- und 200 Liegeplätze. Der Pfeilerbunker an der Stromelbe hatte 1755 Liegeplätze. Der Bunker auf dem Nordfriedhof zählte 613 Liegeplätze, der unter dem Körnerplatz 504 Liegeplätze. (Wille 1995, S. 52) Es waren noch weitere mehrgeschossige Hochbunker geplant. Sie wurden aufgrund von Geld-, Material- und Arbeitskräftemangel nicht gebaut. Angesichts der Errichtung des West- und des Atlantikwalls geriet der Bunkerbau ab Herbst 1942 ins Hintertreffen. 1944 schätzte Oberbürgermeister Markmann, dass das Bunkerbauprogramm in Magdeburg nur zu 40 Prozent erfüllt wurde, weil Arbeitskräfte und Material nach Nord- und Westdeutschland abgezogen worden waren. Letztlich konnte nur ein verschwindend geringer Teil der Bevölkerung in den Bunkern Platz finden, denn Magdeburg zählte laut Verwaltungsbericht am 31. März 1941 346 030 Einwohner.

Hochbunker im Nordpark. Er wurde in der ersten Etappe des Bunkerbauprogramms errichtet und verfügte über 613 Liegeplätze.

Flakstellungen rund um Magdeburg

Schon vor Ausbruch des Krieges wurde damit begonnen, um die Stadt Magdeburg einen Gürtel von Flakstellungen anzulegen. Die Flugabwehrkanonen sollten vor allem die Rüstungsindustrie, militärische Einrichtungen und wichtige Verkehrsobjekte, wie das Schiffshebewerk, sichern. Sie befanden sich zum Beispiel auf dem Weinberg bei Hohenwarthe, bei Barleben, an der Ebendorfer Chausse, am Umspannwerk Diesdorf, bei Sohlen, bei Lemsdorf, am Zipkeleber Weg, bei Gerwisch. In der neuen Kasernenanlage zwischen Cracau und Prester wurde 1937 das Flak-Regiment Nr. 52 stationiert. Scheinwerferbatterien wurden installiert, um Flugzeuge nachts zu sichten. Da die Männer im Laufe des Krieges an die Front mussten, ersetzten sie seit Ende 1942/Anfang 1943 Jugendliche und nicht mehr kriegsverwendungsfähige Männer. Zunächst erhielten die 15- bis 17-jährigen Jungen noch Schulunterricht, der aber später immer häufiger ausfiel. Ab August 1943 konnten Frauen als Flakhelferinnen eingesetzt werden.

Bereits 1940 verkündete Winston Churchill, Deutschland zu einer Wüste zu bomben. Im September 1940 lag dem britischen Kriegskabinett eine Liste ausgewählter deutscher Großstädte vor, die es zu bombardieren galt. Darunter befand sich auch Magdeburg als rüstungswirtschaftlich wichtiger Standort. Die Briten verfügten aber zu diesem Zeitpunkt weder über ausreichend Bomber und Piloten noch über eine geeignete Navigations- und Waffentechnik. Angriffe auf einzelne Punkte verfehlten häufig ihr Ziel, und die Verluste der Flugmannschaften waren hoch.

Zu Beginn des Krieges griffen die britischen Flugzeuge vor allem militärstrategisch und wirtschaftlich bedeutsame Ziele an. In den mitteldeutschen Raum konnten sie bis 1941 nur vereinzelt vordringen. Dem gegenüber standen in den Zeitungen die Erfolgsmeldungen der deutschen Bombardements auf England und andere Berichte über das Vorrücken der deutschen Wehrmacht. Auch die Magdeburger lasen in ihrer Tagespresse Schlagzeilen, wie „England zittert unter deutschen Bomben" oder „Stuka-Angriffe sind die Hölle", „Londons Nachthimmel durch Brände erleuchtet!" Angesichts dieser Meldungen wähnte sich die Bevölkerung in großen Gebieten Deutschlands noch in Sicherheit.

Bomben fallen auf Magdeburg

Den ersten Luftalarm erlebten die Magdeburger am 16. Juli 1940, nachts von 2.12 Uhr bis 2.30 Uhr. Da die Elbestadt aber diesmal nicht das Ziel der Flieger gewesen war, konnten sie aufatmen. Doch mehrere Wochen später trat der Ernstfall ein. Die ersten Bomben der Engländer auf Magdeburg fielen in der Nacht vom 21. zum 22. August 1940. Sie trafen unter anderem Wohnhäuser in der Ottersleber Straße und in der Jordanstraße in Sudenburg, den Schlachthof und die Halle „Land und Stadt". Drei Menschen starben, sieben wurden verletzt. (Wille 1995, S. 42) Die Magdeburgische Zeitung titelte am folgenden Tag „Feindliche Flieger über Magdeburg. Bomben auf Wohnviertel – Feiger englischer Ueberfall auf die Zivilbevölkerung". Wenige Tage zuvor hatte sie von verheerenden Einsätzen deutscher Bomber gegen die Briten berichtet und den Artikel „Bomben auf Aberdeen" des Kriegsberichterstatters Rudolf Hartmann abgedruckt. Dieser schreibt fast begeistert: „,... während Menschen in wilder Flucht von panischem Schrecken des deutschen Bombengewitters erfaßt werden, fällt Bombe auf Bombe durch die Schächte (...) Eine ganze halbe Stunde lang können wir die verheerende Brandwirkung beobachten. Dann geht es auf den Weg zurück. Wir sind in bester, strahlender Laune."

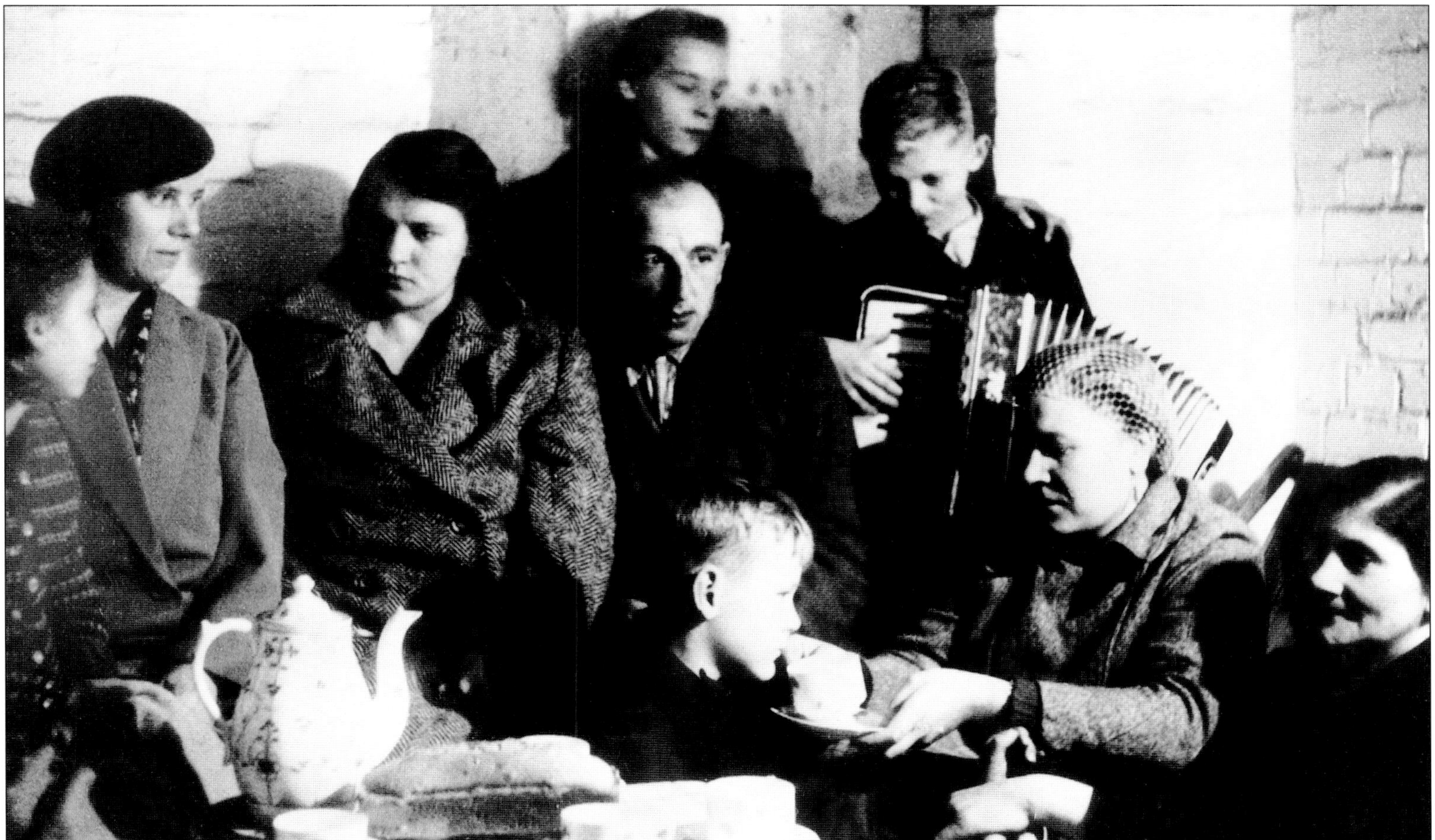

1940 werden im Luftschutzkeller bei Akkordeonmusik noch Kaffee und Kuchen gereicht.

Gebäudeschäden durch Fliegerbomben in der Sudenburger Wuhne/Ecke Jordanstraße, 22. August 1940.

Viele Magdeburger besuchten in den Tagen nach dem Angriff auf ihre Stadt die Stätten der Verwüstung. Angstvolle Vorahnungen mögen einige von ihnen befallen haben. Das Eindringen britischer Flugzeuge konnte sich zu jeder Zeit wiederholen und möglicherweise noch größere Schäden anrichten. Allein bis zum Ende des Jahres 1940 mussten die Magdeburger noch über 50-mal die Luftschutzkeller aufsuchen. Der zweite Bombenangriff auf die Stadt erfolgte am 16. Dezember 1940 durch etwa 25 Flieger. Sie warfen ihre Bombenlast auf das Fried. Krupp Grusonwerk, auf Eisenbahnanlagen in Magdeburg-Salbke und auf Wohngebiete in Buckau und in der Neuen Neustadt. Mehrere Menschen fanden den Tod.

Insgesamt ertönte 1940/41 in Magdeburg fast 95-mal Alarm. Die Bomber der Royal Air Force hatten aber zunächst meist noch andere Ziele, wie das Industriegebiet Leuna oder Berlin. Dennoch erlebte Magdeburg im Jahre 1941 zwei Bombardements durch kleine Gruppen britischer Bomber, am 18. April und am 13. August. 19 Tote und 60 Verletzte waren zu beklagen. Bei dem Angriff im April fielen fünf Sprengbomben und 100 Stabbrandbomben in die Altstadt, so in die Braunehirschstraße, Beaumontstraße und die Venedische Straße. Im August wurden Wohnhäuser im Westernplan getroffen.

Die durch Bomben an Gebäuden aufgetretenen Schäden wurden zunächst, soweit es möglich war, durch Reparaturen ausgebessert. Doch Mangel an Arbeitskräften und in der Baustoffversorgung machten dies bald nicht mehr möglich. So konnten zum Beispiel die Bombenschäden, die in der Ottersleber Straße 18 bis 20a entstanden waren, aufgrund von Schwierigkeiten bei der Materialbeschaffung nicht behoben werden.

Hier handelt es sich nicht um einen Blitz, sondern um englische Fallschirmleuchtraketen hinter dem Dom, 1941.

Brandblätter wurden von Flugzeugen abgeworfen. Sie hatten die Eigenschaft, im trockenen Zustand bzw. bei Sonnenschein einen Brand zu entfachen.

Trügerische Ruhe

Ab Mitte 1941 blieb Magdeburg fast zweieinhalb Jahre von Bombardements verschont. Doch die Ruhe war trügerisch, unterbrochen von häufigen Fliegeralarmen und durchsetzt von dem Gefühl der Ungewissheit vor dem, was noch kommen mochte. Während dieser Zeit, seit 1942, verschärfte sich der Bombenkrieg. Die Engländer stellten inzwischen Flugzeuge in ausreichender Zahl in den Dienst und entwickelten neue Taktiken, wie den Bomberstrom. Der strategische Bomber als neue Waffe des Zweiten Weltkrieges „war dazu da, Schrecken zu verbreiten, massive Zerstörungen hervorzurufen und Zivilisten zu töten." Im Februar 1942 übernahm Luftmarschall Arthur Harris das britische Bomber Command. Es sollte nicht lange dauern, bis er sein Konzept des Flächenbombardements durchsetzte. Nicht nur Militärobjekte und Zentren der Rüstungsproduktion standen jetzt im Vordergrund der Angriffe, sondern die Großstädte mit ihren menschenreichen Wohnkomplexen.
Die Bombardierung der deutschen Städte geschah systematisch. Angesichts der erstarkten alliierten Luftstreitkräfte sollten die Deutschen nun erfahren, was „strategische Luftmacht wirklich bedeutete". (Neillands, S. 212) Mit dem „1000-Bomber-Angriff" auf Köln Ende Mai 1942 begann eine neue Dimension der Bombardements. Auf der Liste der einzuäschernden deutschen Städte stand auch Magdeburg.

Seit 1943 flogen Royal Air Force und US Air Force in vereinter Bomberoffensive kombiniert Angriffe gegen Städte und Rüstungsindustrie. Die Engländer, deren Flugzeuge mit einem verbesserten Zielorientierungssystem ausgerüstet waren, verwüsteten in Nachteinsätzen große Flächen. Die US-Bomber vom Typ B-17 flogen bei Tage vorzugsweise Präzisionsangriffe auf Industrieanlagen. Die Angriffe konzentrierten sich 1943 auf drei Zentren, auf das Ruhrgebiet, die Bombardierung Hamburgs sowie auf den Beginn der Offensive gegen Berlin im November. Als im Herbst 1943 die massiven Angriffe auf Berlin begannen, blieb das nicht ohne direkte Auswirkungen auf Magdeburg, da der Luftraum jetzt Nacht für Nacht überflogen wurde. Hunderte von Fliegeralarmen gehörten nun zum alltäglichen bzw. allnächtlichen Leben der Bewohner. Angesichts der kriegswichtigen Produktion in Magdeburg war es nur eine Frage der Zeit, wann auch Magdeburg stärker in die Bombardements einbezogen wird. Im November 1943 ordnete Oberbürgermeister Dr. Fritz Markmann die Einrichtung eines besonderen Kriegssachschädenamtes an, das die Bearbeitung aller Kriegssachschäden-Angelegenheiten zu übernehmen hatte.

Infolge der Zerstörungen der Großstädte im Westen Deutschlands und Hamburgs setzte eine große Evakuierungswelle innerhalb des Deutschen Reiches ein. Auch in den Gau Magdeburg-Anhalt strömten Flüchtlinge. Die Stadt Magdeburg stand jedoch wegen Wohnraummangels nicht als Aufnahmeort für Flüchtlinge zur Verfügung. Dennoch wurden auch hier am 1. September 1943 ca. 1300 Flüchtlinge registriert. Im August 1943 lebten im Stadtkreis Magdeburg 338 068 angesessene Bewohner, dazu 5900 von auswärts herangezogene deutsche Dienstverpflichtete, 36 779 ausländische Dienstverpflichtete, 6079 beschäftigte Kriegsgefangene und 1891 „untergebrachte Bergungsbevölkerung". (Dietzel, S. 44)

Bald verlassen Tausende die Stadt

Was geschah mit jenen Menschen, die in Magdeburg ihr Obdach verloren hatten, also „ausgebombt" waren? Nach den Bombenschäden in Wohngebieten im Jahre 1940 erhielten die Ausgebombten innerhalb der Stadt andere Unterkünfte. Später konnten die Ausgebombten nicht mehr in Magdeburg untergebracht werden. Mit den zunehmenden Fliegeralarmen ab Herbst 1943 wurde zudem vorsorglich die Evakuierung großer Bevölkerungsteile, die für die Kriegsproduktion entbehrlich waren, ins Auge gefasst. Am 15. November 1943 erhielt Gauleiter Rudolf Jordan von Joseph Goebbels als Leiter des Luftkriegsschädenausschusses die Befugnis, die ansässige Bevölkerung aus den Städten Dessau und Magdeburg zu evakuieren. Ab Ende November 1943 wurden in der Presse Aufrufe veröffentlicht, wie „Mütter und Kinder gehören aufs Land!", „Magdeburger Schulkinder kommen aufs Land", „Mehr Sicherheit für die Kinder!" Die Umquartierung betraf Mütter mit Kindern, Schulkinder und ältere Menschen. Sie wurden entweder innerhalb des Wohnortes, im Umland oder bei Verwandten untergebracht. Die Historikerin Kerstin Dietzel konnte ermitteln, dass bis 11. Februar 1944 aus Magdeburg ca. 33 000 Menschen evakuiert wurden, einschließlich Kinderlandverschickung. Die Kinderlandverschickung war eine Maßnahme, durch die ein großer Teil der Schul- und Vorschulkinder aus den „Luftnotgebieten" in spezielle Lager gebracht und dort von Lehrern und jugendlichen „Lagermannschaftsführern" betreut wurden. Die ersten Kinder verließen Magdeburg im Zuge der Kinderlandverschickung vermutlich schon am 2. Dezember 1943, die meisten Kinder aber erst seit der zweiten Dezemberhälfte 1943. Innerhalb von sechs Wochen wurden rund 80 Prozent der Schulkinder der Mittel- und Volksschulen aus Magdeburg durch Kinderlandverschickung und Verwandtenhilfe evakuiert. Vermutlich war der Anteil der Kinder der anderen Schulen ebenso groß. Die meisten Kinder fanden bei Verwandten Sicherheit. (Dietzel, S. 119ff.)

Die Magdeburgische Zeitung berichtete am 28. Dezember 1943 über den ersten Sammeltransport von 400 bis 500 Magdeburger Familien, der kurz zuvor in weniger gefährdete Gebiete abgegangen war. Am Morgen des 28. Dezember 1943 brachte ein zweiter Sonderzug von der langen Rampe der Güterabfertigung in Magdeburg-Neustadt aus wiederum mehrere hundert Familien aus der engen Magdeburger Altstadt in Sicherheit. Zu den Sonderzügen gehörten auch Güterwagen mit Möbeln und Haushaltsgeräten der Umquartierten.

Wie Gauleiter Rudolf Jordan später bekundete, stießen die geplanten Umquartierungsmaßnahmen Ende 1943 in dem wegen seiner dichten Besiedlung besonders gefährdeten Gebiet um die Jakobstraße, im so genannten Knattergebirge, auf Ablehnung. Vermutlich befürchteten die Menschen zusätzliche finanzielle Belastungen, zum Beispiel die Mietzahlungen für die Ausweichquartiere. So wurde eine Zwangsevakuierung erforderlich. Joseph Goebbels ordnete diesbezüglich an: „Frauen und Kinder, die nach Durchführung einer erneuten Werbung nicht bereit sind, ihre Wohnungen in den besonders gefährdeten Häuserblocks der Magdeburger Altstadt zu verlassen, können ausnahmsweise mit Zwang umquartiert werden." (zit. nach Dietzel, S. 48)

Viele der Evakuierten kehrten nach Magdeburg zurück. Es hatten sich Engpässe bei der Versorgung eingestellt, insbesondere fehlten Nahrungsmittel, Schuhe, Betten. Auf einer Sitzung der Magdeburger Ratsherren vom 23. März 1944 wurden „mangelnde Unterbringung, ungenügende Kochgelegenheiten, fehlendes Heizungsmaterial, geringes Entgegenkommen der Einheimischen" als wichtigste Gründe für die Rückkehr eines Teils der ausquartierten Bevölkerung genannt.

Als wenige Monate später schwere Luftangriffe auf Magdeburg folgten, verließen viele ausgebombte Familien die Stadt. Insbesondere nach dem Angriff vom 16. Januar 1945 fanden sie zunächst in der Altmark, im Harz oder in umliegenden Ortschaften eine Bleibe.

Evakuierung aus der Altstadt – hier in der Großen Mühlenstraße vor der Fleischerei W. Kohlmeister, 1943.

Das Geheul der Sirenen

Noch heute befällt ältere Bürger ein Unbehagen, wenn sie den Ton von Sirenen hören. Das gellende, auf- und abschwellende Sirenengeheul gehörte zum Kriegsalltag. Es kündigte die herannahenden gegnerischen Flieger oder Bomberverbände an. Das Alarmierungssystem mittels elektrischer Sirenen wurde in der Mitte der dreißiger Jahre entwickelt. Ausgehend von einer Schallweite bis ca. 500 Meter wurden Sirenen demzufolge zahlreich auf den Dächern der Stadt angebracht. So installierte Ende 1937 die Allgemeine Elektricitäts-Gesellschaft im Auftrag des Reichsluftfahrtministeriums auf 60 Gebäuden Luftschutz-Motorsirenen, unter anderem auf dem Dach des Hauses Breiter Weg 7/8.

Am 14. September 1937, um 18.10 Uhr, hatte eine „Hörprobe" aller Sirenen der Magdeburger Betriebe und der im Hafen liegenden Schiffe stattgefunden. Der Zweck dieser Übung bestand darin, festzustellen, welche Mittel zur Warnung der Bevölkerung vorhanden sind, wenn die neuen Luftschutzsirenen einmal versagen sollten. Vier Minuten lang ertönte das Heulen der Werkssirenen, das Pfeifen der Lokomotiven und das Tuten der Dampfer im Hafen und auf der Elbe. Die Luftschutzwarte hatten daraufhin innerhalb ihres Hauses die Bevölkerung „mit ihren Lärminstrumenten" zu alarmieren. Wurde der Alarm gehört, mussten die gelb-blau-gelben Flieger-Warnflaggen gesetzt werden. Bald nach Installation der Großalarmanlagen durften Fabriksirenen, Schiffssirenen und sonstige Signaleinrichtungen, deren Ton mit den Signalen für Fliegeralarm, Entwarnung oder Feueralarm verwechselt werden konnte, nicht mehr verwendet werden.

Die Sirenentöne der Alarmanlagen erklangen in unterschiedlicher Weise. Die Vorwarnung signalisierte Luftgefahr, die Hauptwarnung den Fliegeralarm und die Entwarnung das Ende der Luftgefahr. Bei Fliegeralarm blieben der Bevölkerung in der Regel zehn Minuten Zeit, sich in Sicherheit zu bringen. Der Koffer mit Papieren und Wertsachen stand stets griffbereit. Alarm war nicht gleichbedeutend mit einem wirklichen Bombenangriff, denn häufig wurden die alarmierten Gebiete nur überflogen, weil die Maschinen ihre todbringende Last über einem anderen Ziel abwerfen sollten. Da die Bomberverbände die unterschiedlichsten Anflugrouten wählten, konnte niemand wissen, welche Stadt gerade zur Bombardierung ausgewählt war. Die Taktik der anglo-amerikanischen Fliegereinheiten zielte darauf ab, die Dauer der Angriffe zu mindern, dafür aber deren Anzahl zu erhöhen. An jedem Tag, in jeder Nacht musste mit einem Angriff gerechnet werden – über Jahre hinweg.

Schwarze Rauchschwaden ziehen aus den Fenstern über der Drogerie im Haus Breiter Weg 188.

Jahresbeginn mit Schrecken

Es war Freitag, der 21. Januar 1944. Am späten Abend flog die Royal Air Force mit einem gewaltigen Bomberstrom den ersten Großangriff auf Magdeburg. Die vorausfliegenden Zielmarkierer und Beleuchter setzten ihre Leuchtkörper über Magdeburg ab. Aber ein heftiger Wind trieb die so genannten „Weihnachtsbäume" fort in Richtung Osten und Südosten. So fiel die größte Bombenlast auf Feldgemarkungen und auf Orte südlich und östlich Magdeburgs, zum Beispiel Pechau. Das geplante Flächenbombardement der Großstadt blieb aus. Doch in den östlichen und südöstlichen Stadtgebieten gingen Bomben nieder und zerstörten bzw. beschädigten 69 Wohnhäuser. Bombentreffer gab es auch bei den Pfeifferschen Stiftungen, der Flakkaserne, der Aktienbrauerei, dem Umspannwerk und beim Wasserwerk Buckau. Das Naturkundemuseum am Domplatz brannte aus. Einige Regierungsgebäude wurden beschädigt. Am Dom zerbrachen die Fenster. Am 27. Januar 1944 veröffentlichte die Presse die Namen der Opfer des Bombardements: Es waren 112, darunter mehrere Kinder. Das jüngste war noch nicht ein Jahr alt. Außerdem forderte der Angriff hunderte Verwundete und über 1000 Obdachlose.

Die Magdeburgische Zeitung zeigte am 28. Januar 1944 Fotos vom zerstörten Samariterhaus der Pfeifferschen Stiftungen und von der zerstörten Lutherkirche. In ihrer Ausgabe vom 24. Januar 1944 sprach sie von einer „ersten Probe der Bewährung", die die Magdeburger „mit Stolz" bestanden hätten. Sie schrieb über ein Brautpaar, das am Tag nach dem Angriff in einem der durch Bomben beschädigten Häuser seine Hochzeit feierte, „obwohl die Hochzeitsgesellschaft hinter Bretter- und Pappfenstern saß und obwohl mancher seine Gedanken vielleicht nicht immer bei diesem fröhlichen Ereignis hatte." Die Zeitung berichtete von den Aufräumarbeiten, ferner von vielen Menschen, die zu den betroffenen Stadtgebieten zogen und von deren Gesichtern „die Sorge um Angehörige leicht abzulesen war." Die große Mehrheit dieser Herumstehenden wäre nur gekommen, „um mal zu gucken". Gleich neben diesem Artikel warnte ein anderer: „Wer plündert, verwirkt den Kopf". So hatte das Sondergericht für Plünderungsstrafsachen beim Landgericht Magdeburg noch am 22. Januar 1944 die 23-jährige Hildegard Trusch aus Görzke zum Tode verurteilt, weil sie nach dem Fliegerangriff auf Magdeburg ein Küchenmesser, ein Täschchen mit Haarklemmen und eine Herrenhose gestohlen hatte.

Vier Wochen später folgte der nächste Angriff. Die amerikanische Luftflotte bombardierte während ihrer Tagesangriffe wichtige Produktionsstätten. So galt der Angriff am 22. Februar 1944 der Brabag, den Junkers Motorenwerken und dem Fried. Krupp Grusonwerk. Dabei wurden auch gezielt Wohnviertel bombardiert. 16 amerikanische B 17-Bomber warfen Spreng- und Brandbomben auf den Ostteil der Stadt. 41 Menschen kamen um, 194 wurden verletzt. Zerstörungen und Schäden gab es in der Friedrichstadt (heute Brückfeld), bei den Pfeifferschen Stiftungen und in der Flakkaserne. Die Junkers Flugzeug- und Motorenwerke in der Neustadt erlitten keine Schäden. (Wille 1995, S. 60)

Bomben in Schaufenstern

In den nächsten drei Monaten blieb Magdeburg von weiteren Angriffen verschont, da sich die West-Alliierten von Ende Februar bis Ende Mai 1944 auf die Invasion in der Normandie vorbereiteten. In dieser Zeit wurden die Luftschutzmaßnahmen forciert. Die Magdeburgische Zeitung mahnte am 10. März 1944 die Bevölkerung, die Umquartierungen zu unterstützen und sich weiterhin intensiv dem Luftschutz zu widmen, denn es „hat sich erwiesen, dass Mitteldeutschland in bezug auf den Luftkrieg in den Brennpunkt der Aktionen gerückt ist". Das Kaiser-Friedrich-Museum (heute Kulturhistorisches Museum) eröffnete am 25. März 1944 die Wanderausstellung „Der Luftterror". Sie sollte über „Wesen und Abwehr der feindlichen Terrorangriffe" aufklären. Vom 11. bis 18. Mai 1944 fand auf Veranlassung des Gauleiters Rudolf Jordan im gesamten Gaubereich Magdeburg-Anhalt eine Luftschutzwoche statt, um die „totale Luftschutzbereitschaft" herzustellen. Das „Letzte und Höchstmögliche" sollte getan werden, um dem Luftterror wirksam zu begegnen. Parolen zum Luftschutz, zum Beispiel „Jede Hausgemeinschaft eine Festung durch Selbsthilfe!" oder „Noch heute mehr Sand und Wasser in die Häuser!", sollten durch alle zur Verfügung stehenden Medien tief in das Bewusstsein der Bevölkerung eingehämmert werden.

In Schaufenstern der Ulrichstraße konnte die Bevölkerung Stabbrandbomben und Flüssigkeitsbomben betrachten. In den Auslagen von Apotheken waren Kampfmittel, wie Phosphor und Benzin, und Möglichkeiten ihrer Abwehr dargestellt. Am Kaiser-Wilhelm-Platz (heute Universitätsplatz) zeigte ein ganzes Schaufenster große Sprengbomben, Leuchtbomben und Stabbrandbomben. „Es wird an den Magdeburgern selbst liegen, sich all diese Schaufenster mit besonderer Liebe anzusehen, sich auch auf diese Weise belehren und aufklären zu lassen ...", schrieb die Zeitung. Auf einer Großkundgebung am 17. Mai 1944 berichtete Oberbürgermeister Dr. Markmann unter anderem über das „System des langen Tisches", das er in Magdeburg zur Fürsorge für Opfer von Luftangriffen eingeführt habe. Dort würden Lebensmittelkarten, Bezugscheine für Kleider und Wäsche, Geld und Abreisegenehmigungen ausgegeben und Obdachlosen Quartiere zugewiesen. Jeder Bombengeschädigte sollte demnach ohne langes Herumlaufen an einer einzigen Stelle alles Notwendige erhalten. Die Lebensmittelversorgung sei gesichert und für die Rettung von Wohnungseinrichtungen würden Möbelbergungstrupps eingesetzt, so Dr. Markmann. Am 19. Mai 1944 ordnete er den Bau von neun Feuerlöschteichen in der Innenstadt an, wenige Wochen später sollten weitere sieben Feuerlöschteiche angelegt werden.

„Fliegende Festungen" über Magdeburg

Nur wenige Tage nach der Luftschutzwoche war die Elbestadt erneuten Bombenangriffen ausgesetzt. Es waren Flugzeuge der 8. US Air Force, die in den nächsten Monaten Tod und Verwüstung nach Magdeburg brachten. Im Sommer 1944 änderte sich die Kriegssituation. Die Alliierten waren in der Normandie gelandet. Die deutsche Wehrmacht befand sich sowohl im Osten als auch im Westen auf dem Rückzug. Die Bombardements nahmen zu.
Die Angriffe der amerikanischen Luftflotte auf Magdeburg konzentrierten sich anfangs vorrangig auf die Industriegebiete. Im Visier der viermotorigen B 17-Bomber, der so genannten „Fliegenden Festungen", standen besonders die Brabag in Rothensee, die Junkers Motorenwerke in der Neustadt und das Fried. Krupp Grusonwerk in Buckau. Schon zu Beginn des Jahres 1944 hatten sie ihre gefährliche Last hier abgeworfen. Nun, in den Mittagstunden des 28. Mai 1944, richteten sich ihre Angriffe vor allem auf die Brabag. Das Werk wurde so stark getroffen, dass es vollständig stillgelegt werden musste. Außerdem wurden die Zinkhütte Giesche's Erben, das Kraftwerk und die Großgaserei getroffen.

Rettung von Habseligkeiten aus einem brennenden Haus im Juni 1944.

Die US-Luftflotte griff Magdeburg von Februar bis Dezember des Jahres 1944 insgesamt zehnmal an. Bei diesen Bombardements ließen 1556 Menschen ihr Leben, über 2600 wurden verwundet und fast 50 000 obdachlos. Der schlimmste dieser Angriffe und das zweitverlustreichste aller Bombardements auf Magdeburg ereignete sich am Mittag des 5. August 1944. 179 B 17-Bomber zielten ihre zerstörerische Last auf die Junkerswerke in der Neustadt, auf die Unternehmen Krupp-Gruson, C. Louis Strube und Schäffer & Budenberg in Buckau. Auch Wohngebiete wurden schwer getroffen. 683 Menschen kamen uns Leben, 881 wurden verletzt, Tausende obdachlos.

Der Kriminalsekretär Werner Rinow, der in der Neustadt wohnte, schrieb am 8. August 1944 an seine Schwiegereltern in Suhl: „Es war ein großer Jammer und ein trostloses Wochenende. Wenn man dort (Neustadt, d.V.) durch die Ruinen geht kommt es einem ganz fremd vor und man muß erst an die Straßenschilder schauen, vor welcher Straße man überhaupt ist (...) So ist nun unsere schöne Neustadt ein Trümmerhaufen.“ Seine Ehefrau Friedel notierte auf der Rückseite: „Ich habe jetzt mächtig Angst wenn es wieder los geht (...) Jede Nacht und jede Nacht träume ich von den Ruinen und sehe tolle Bilder vor mir (...) Betet mit für uns.“

Am 16. August erfolgte wieder ein gewaltiger Angriff mit zahlreichen Todesopfern. Die beiden August-Bombardements führten zu schweren Zerstörungen in der gesamten Neustadt, unter anderem in der Lübecker Straße, am Nicolaiplatz, in der Alexanderstraße, Schmidtstraße, Zielitzer Straße, Morgenstraße, Kastanienstraße, Hamburger Straße, Mittagstraße, Robert-Mayer-Straße, im Schöppensteg und Vogelgesang. In Buckau wurde das Fried. Krupp Grusonwerk von 300 Sprengbomben und vielen Brandbomben schwer getroffen. Für acht Tage kam die Produktion zum Erliegen. In der Bevölkerung machte sich Mutlosigkeit breit. Viele verließen die Stadt. Die Zurückgebliebenen bauten das Luftschutzsystem weiter aus. Die Decken der vielen primitiven Luftschutzkeller wurden zusätzlich mit Balken abgestützt. Das unterirdische, durch Kellerdurchbrüche geschaffene Verbindungsnetz wurde ausgebaut.

Ab September 1944 griffen die Amerikaner mehr und mehr Wohnviertel an. Am 11. und 12. September richteten ihre Bomben viele Schäden in der Wilhelmstadt (heute Stadtfeld) an, so in der Großen Diesdorfer Straße, der Wilhelm-Kobelt-Straße, Lessingstraße, Arndtstraße, Spielgartenstraße (heute Maxim-Gorki-Straße), Lützowstraße (heute Winckelmannstraße), Pestalozzistraße und auf dem Schlacht- und Viehhof. Ferner waren im Rotehornpark (Ausstellungshallen), auf dem Kleinen Stadtmarsch und in der Zollstraße Schäden zu verzeichnen. In Cracau gab es Schäden in der Genthiner Straße, Simonstraße, Potsdamer Straße und Am Brellin. Weitere Schäden entstanden im Umfeld der Leiziger Straße, so im Krankenhaus Sudenburg, im Kirschweg, in der Schilfbreite, im Resedaweg, Lilienweg, Rosenweg, Ulmenweg und in der Cäcilienstraße (heute Hopfenbreite). Eine Sprengbombe traf das Mittelschiff des Domes. Nur zwei Wochen später, am 28. September 1944, erlebten die Magdeburger, wie 381 „Fliegende Festungen“ die Altstadt, die bis dahin weitgehend verschont geblieben war, angriffen. 261 Menschen starben, 492 wurden verwundet. (Wille 1995, S. 64) Die Katharinenkirche brannte aus, das Dach der Johanniskirche wurde zerstört. Auch die Jakobi- und Sebastiankirche und das Kloster „Unser Lieben Frauen“ erlitten Schäden. Weitere Schäden gab es auf der Westseite des Domplatzes, am Dom, an den Barockhäusern Breiter Weg 175/176 und 277 und an Häusern des Alten Marktes. Auch das Rathaus wies Schäden auf. Die Folgen der Bombardements traten jedermann immer sichtbarer vor Augen.

Die Katharinenkirche brennt aus. Die Passanten auf dem Breiten Weg zeigen sich davon scheinbar unbeeindruckt.

Auch das Alte Rathaus wurde bei Luftangriffen getroffen. So sah es am 29. September 1944 aus.

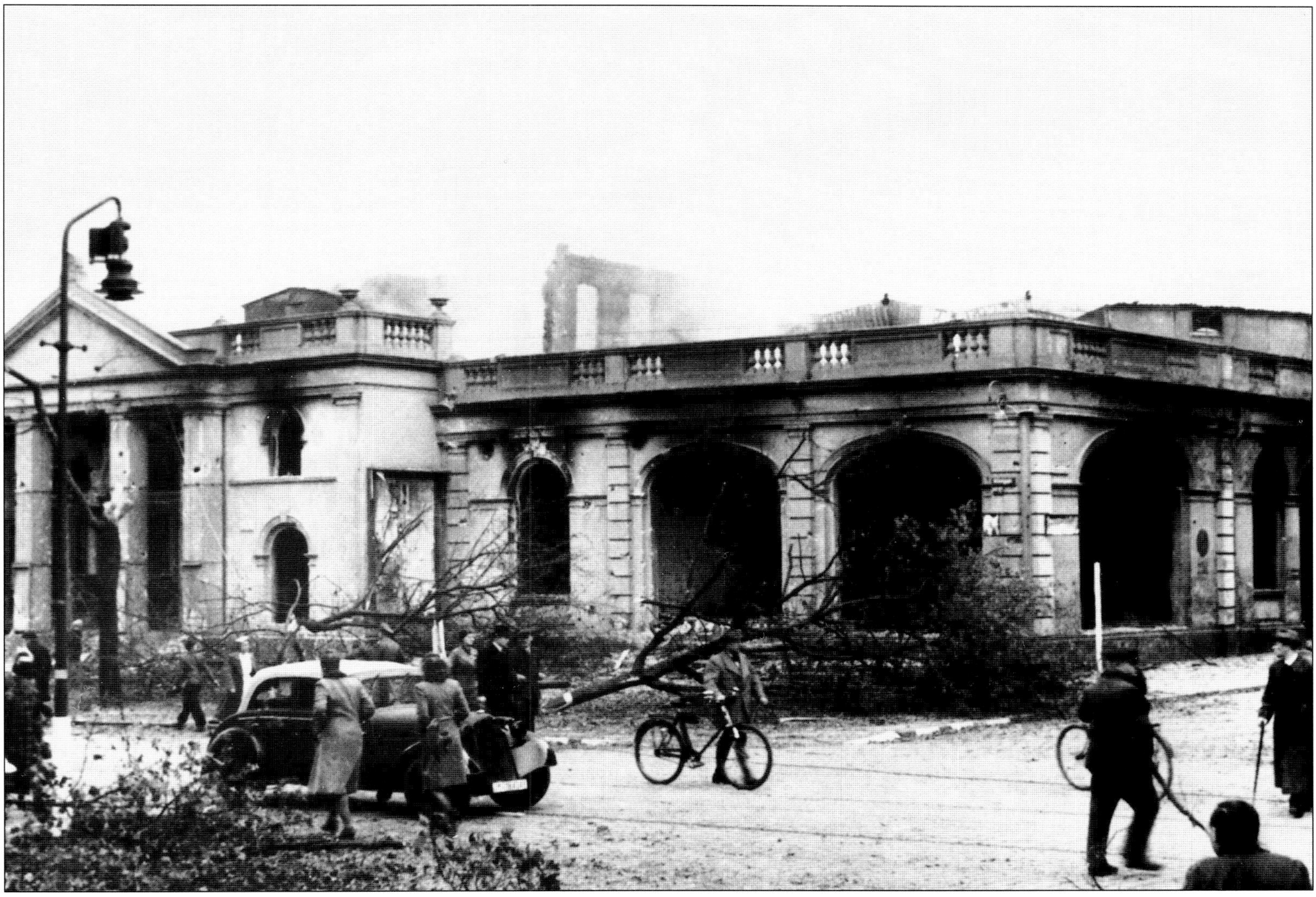

Das ausgebrannte Zirkusgebäude in der Königstraße 62/63. Es war der erste feste Zirkusbau in Deutschland. Hier traten alle renommierten Reisezirkusse auf wie Sarrasani, Krone, Busch. Dem Zirkus Busch diente das Gebäude als traditionelles Winterquartier. Bei einem Luftangriff am 28. September 1944 wurde es schwer beschädigt und am 16. Januar 1945 endgültig zerstört.

Blick in das zerstörte Zentraltheater am 3. Oktober 1944.

Der Breite Weg in Feuer und Rauch gehüllt.

Im letzten Quartal des Jahres 1944 gab es zwar fast täglich Alarm, doch keine erneuten Angriffe auf Magdeburg. Deren Bewohner wussten nicht, dass ihre Stadt seit November 1944 an erster Stelle auf einer Liste der Royal Air Force über die noch zu zerstörenden deutschen Städte stand. Bedingt durch den Kriegsverlauf, speziell die am 16. Dezember 1944 einsetzende deutsche Ardennenoffensive, waren die Bomberflotten zunächst an anderen Kriegsschauplätzen eingesetzt. Das sollte sich erst ändern, als die Sowjetarmee ihre mächtige Weichsel-Oder-Operation begann und dort Kräfte der Wehrmacht, insbesondere Panzerdivisionen, band. Die Gefühle vieler Magdeburger bewegten sich indes zwischen der Hoffnung, den Krieg möglichst ohne weitere große Schäden zu überstehen, und der Gewissheit neuer, vielleicht noch schwererer Luftangriffe. Die zermürbenden Luftalarme versetzten viele Menschen in ein Gemisch aus Apathie und Schrecken. Manche führten Tagebuch. Annemarie Burchardt (geb. 1923) zum Beispiel, die bis zum 16. Januar 1945 am Kaiser-Wilhelm-Platz 5 wohnte, notierte in ihrem Taschenkalender vom Januar 1944 bis 17. April 1945 die miterlebten Fliegeralarme. Unter dem 12. September 1944 steht „Angriff: Rothensee, Buckau, Wilhelmstadt, Dom!" Am 28. September 1944 vermerkte sie: „Mittags gerade wieder zu Hause! Angriff!! Zu Hause Fenster, Türen, Dach entzwei, Katharinenkirche brennt!!" Unter dem 7. Oktober 1944 ist zu lesen „mein Fahrrad in Buckau mit vernichtet" und schließlich unter dem 16. Januar 1945 „total ausgebombt !!!!" Helene Grenzendörfer registrierte ebenfalls die Fliegeralarme. Sie zählte insgesamt 645 Alarme in Magdeburg, hatte aber für die Zeit vom 17. Januar 1945 bis 16. Februar 1945 keine Notizen gemacht. Bis Ende 1944 kam sie – und das unvollständig – auf 499 Alarme. Schon am Neujahrstag 1945 setzte sich die Serie fort. In der Mittagsstunde des 1. Januar 1945 fielen Bomben auf die unmittelbare Umgebung Magdeburgs, so in Olvenstedt und Ebendorf.

In der ersten Hälfte des Monats Januar 1945 wurde in Magdeburg 13-mal Fliegeralarm gegeben. Noch stand die Stadt – bis zum 16. Januar! Es war ein Tag mit wolkenlosem Himmel, Windstille und leichtem Frost – „günstige" Witterung für ein Bombardement. Am Mittag dieses Wintertages ertönte hier der 14. Fliegeralarm des Jahres 1945. 122 B 24-Bomber der 8. US-Luftflotte warfen ihre Bombenlast auf das Fried. Krupp Grusonwerk, die Junkers Motorenwerke, das Industriegelände im Norden Magdeburgs und die umliegenden Wohngebiete. Tote und schwere Schäden in Industriebetrieben und Wohnvierteln waren zu beklagen, unter anderem in der Nordfront und in Buckau. Viele Magdeburger glaubten anschließend, ihre Stadt würde an diesem Tag nun nicht mehr angegriffen, zumal Nachtangriffe lange Zeit nicht vorgekommen waren. Sie sollten sich täuschen. Eine Frau aus der Vom-Rath-Straße 19 (heute Jakobstraße) schrieb am Abend einen Brief an ihre zwölfjährige Tochter Gisela, die im Zuge der Kinderlandverschickung in Ilsenburg/Harz weilte. „Will Dir nur kurz mitteilen daß bei uns nichts passiert ist. Wir sind mal wieder im Keller mit den Schrecken davon gekommen. Diesmal hat es die Alte Neust. u. Bukau bekommen", beginnt der Brief. Sie brachte ihn zum nahe gelegenen Postkasten. Gerade, als sie nach Hause zurückkam, ertönten die Sirenen. Ihr Brief an die Tochter, die einige Minuten später von Ilsenburg den glutroten Himmel über Magdeburg sah, wird heute im Stadtarchiv Magdeburg aufbewahrt – und auch das verkohlte Kuvert.

Das Textilhaus Zentrum -Tezet- am Breiten Weg 57–60 brennt aus.

Der Großangriff

Gegen 19 Uhr des 16. Januar 1945 starteten hunderte Flugzeuge der Royal Air Force zu ihrer todbringenden Mission. Gemäß dem Befehlscode „Grilse" (übersetzt: junger Lachs) hieß ihr Ziel Magdeburg. Die Engländer flogen Magdeburg in sechs Teilverbänden aus verschiedenen Richtungen an. Die deutsche Flugabwehr gewann somit kein klares Bild vom Ziel. Sie vermutete zunächst das Ruhrgebiet als Angriffsziel, stieß aber im Raum Hannover auf die britischen Bomber. Als diese ca. 50 Kilometer nördlich von Magdeburg nach Süden schwenkten, drohte höchste Gefahr für die Großstadt. Aus dem Bunker am Nordpark funkte die Magdeburger Luftschutzleitung „SOS-Großangriff auf Magdeburg – Hilfe!" (Hartwig/Wille, S. 18) Um 21.23 Uhr warfen die ersten Lancaster-Maschinen unzählige Stanniolstreifen ab, um die Flak außer Gefecht zu setzen. Die Stanniolstreifen reflektierten die Funkmessstrahlen der radargeleiteten Flakabwehr und machten ihr so das Zielen unmöglich. Erstmals kamen sie im Juli 1943 bei dem Bombardement auf Hamburg zum Einsatz. „Bei dem Angriff am 16. Januar schossen wir die ganze Zeit wie die Wahnsinnigen, aber blind, da die Funkmeldeanlagen außer Betrieb gesetzt waren", erinnert sich Dieter Wolff (geb. 1927), damals Fernsprechtruppführer der Flakbatterie bei Groß Ottersleben.

Kondensstreifen von Flugzeugen und Leuchtspurgeschosse der Flak über der Stadt.

Bombengeschwader werfen Leuchtkugeln ab am 16. Januar 1945.

Nach dem Abwurf der Stanniolstreifen wurde mittels der Leuchtraketen, den so genannten „Weihnachtsbäumen", das Angriffsgebiet beleuchtet. Das Ziel war das Areal zwischen Nordfront und Hasselbachplatz, Bahnhof und Elbe mit der Magdeburger Altstadt. Um 21.28 Uhr erreichten der Masterbomber, sein Stellvertreter und drei Sichtmarkierer die Großstadt. Die Sichtmarkierer steckten mit roten und grünen Leuchtbomben den Angriffssektor über der Altstadt ab. Die Markierungen hellten präzise das Altstadtgebiet auf. Erst jetzt ertönte der Luftalarm. Die Menschen rasten in die Keller. Nach Aussagen vieler Zeitzeugen fielen mit dem Alarm die ersten Bomben. Elisabeth Duderstaedt, die als 16-jährige den Angriff in der Altstadt erlebte, erinnert sich: „Unser öffentlicher Luftschutzkeller befand sich in Kortes Bierhallen in der Margarethenstraße/Ecke Breiter Weg. Dort gab es einen zweigeschossigen Keller, in den unteren gingen meistens die Mütter mit kleinen Kindern. Bisher hatten wir

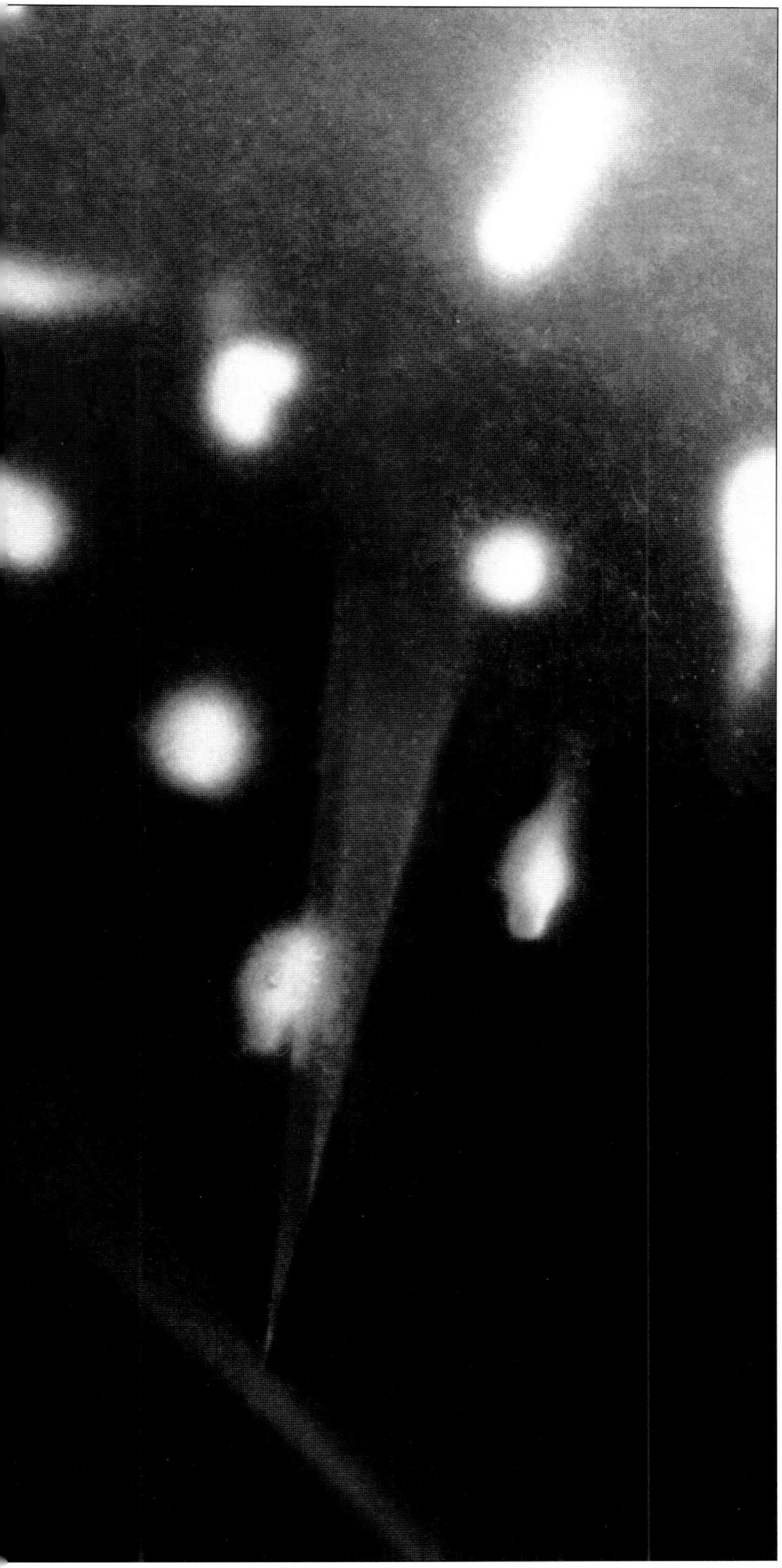

es immer bis zu Kortes Bierhallen geschafft, am 16. Januar aber nicht mehr, da zu spät Alarm gegeben wurde. Ich hatte mich noch nicht schlafen gelegt. Ich holte meine Großmutter aus dem Bett, und wir stürzten – die Oma im Nachthemd – in den Keller unseres Hauses. Wir konnten nicht einmal den Koffer mitnehmen." Die Zeit zwischen Alarm und Angriffsbeginn war so kurz bemessen, dass die Bevölkerung die öffentlichen Luftschutzanlagen zumeist nicht mehr erreichen konnte. In den überfüllten Bunkern war die Hölle los. Die Menschen eng zusammengefercht. Schreiende und Flehende begehrten vergeblich Einlass. Später wird man die Türen des Bunkers an der Jakobikirche wegen der davor liegenden Toten zunächst nicht öffnen können.

Um 21.30 Uhr warfen Lancaster-Flugzeuge erneut „Weihnachtsbäume" für den nachfolgenden Bomberstrom. „Es waren die sogenannten Christbäume, die die Stadt in fahles Licht tauchten. Gleich danach die ersten Detonationen der einschlagenden Bomben hinter mir. Ich konnte vor Angst nicht mehr laufen, der Angstschweiß lief mir von der Stirn", so berichtete eine Zeitzeugin. Um 21.31 Uhr rasten zehn Lancaster im Tiefflug über die Innenstadt und setzten mit roten Leuchtbomben einen zentralen Markierungspunkt. Um 21.32 Uhr begann das Flächenbombardement. Lancaster-Bomber warfen Luftminen und Minen schwersten Kalibers ab. Die Minen erzeugten solche Druckwellen, dass die Lungen von noch durch die Straßen hastenden Menschen zerrissen wurden und die Dächer von den Häusern flogen. Im Keller des Hauses Venedische Straße 13, in dem Elisabeth Duderstaedt mit anderen Bewohnern flach auf dem Boden lag, warfen die Druckwellen die Menschen etwa einen Meter hoch. „Wie oft ich das Vaterunser gebetet habe, weiß ich nicht mehr", sagt sie mit erregter Stimme. Selbst in Buckau waren die Druckwellen noch so stark zu spüren, dass die dicken Vorrichtungen vor den Kellerfenstern bis zu 20 Zentimeter vorsprangen. Elisabeth Tolksdorf, die als 16-jährige im Keller des Hauses Schönebecker Straße 34, Nähe Thiemstraße, saß, konnte durch diesen Spalt sehen, dass draußen alles taghell erleuchtet war. Ihre Schwester hatte an diesem Abend in Buckau Luftschutzdienst. Sie erzählte, man hätte auf der Straße Zeitung lesen können.

Durch die abgedeckten Häuser war deren Inneres nun frei für die folgenden Brandbomben und Brandkanister. In der dann folgenden Angriffswelle von 21.39 Uhr bis 21.58 Uhr ließen die Bomber 228 Minenbomben und Tausende von Brandbomben fallen. Danach warfen weitere Halifaxes 163 großkalibrige Luftminen, 251 Sprengbomben und nochmals Tausende von Brandbomben ab und steigerten das Bombardement „zu einem erdbebenartigen Höhepunkt. Luftminen und Sprengbomben rissen die brennenden Häuser auseinander." (Wille 1995, S. 68) Die Detonationen der Bomben waren noch in bis zu 70 Kilometer Entfernung zu hören. Innerhalb von 36 Minuten fielen über 1000 Tonnen Bombenlast auf Magdeburg nieder. Hinter den nüchternen Zahlen verbergen sich Tragödien. Wer sie überlebte, hat sie bis heute nicht vergessen. In den Kellern bangten die Menschen. „Wir saßen dicht gedrängt und krallten die Hände ineinander. Wir hatten Todesangst, manche beteten...", so eine Zeitzeugin. Helga Matusz befand sich damals als 14-jährige im Keller eines Hauses in Magdeburg-Salbke: „Nach einer Viertelstunde schwoll das Krachen und Bersten so stark an, daß wir uns nicht mehr verständigen konnten. Wir alle pressten die Hände an die Ohren, denn der Luftdruck war kaum zu ertragen." Christa Ulbrich, damals 16 Jahre alt, saß zu diesem Zeitpunkt in der obersten Etage des Bunkers im Nordpark. „Luftminen brachten den Koloß zum Schwanken und es krachte an den Wänden so sehr, daß man das Gefühl hatte, er bricht auseinander", erinnert sie sich. Ilse Einbrodt verbrachte die Nacht im Pfeilerbunker der Strombrücke. „Fremde Menschen hingen aneinander mit angsterfüllten Gesichtern und klammerten sich zusammen", schreibt sie später.
Die Bombenexplosionen führten zum Totalausfall von Wasser, Gas und Strom und versperrten die Straßen für Löschfahrzeuge, die sich noch weit außerhalb befanden. Sie waren noch damit beschäftigt, die zwischen 11.30 Uhr und 11.59 Uhr von Verbänden der 8. US Air Force bei den Fried. Krupp Grusonwerken und bei der Brabag verursachten Brände unter Kontrolle zu bringen.

Im Feuersturm

In kurzer Zeit war die Altstadt ein Flammenmeer mit einem orkanartigen Sog. Die vielen Flächenbrände entfachten einen gewaltigen Feuersturm, der allen Sauerstoff verschlang. Für die Menschen ruft der Feuersturm in mehrfacher Hinsicht eine bedrohliche Atmosphäre hervor: Es kommt zu einer enormen Erhitzung, die im Bereich brennender Häuserblocks achthundert Grad erreicht. Durch die schnell nach oben steigende Luft saugt der am Boden entstehende Unterdruck die Luft aus der gesamten Umgebung gewaltsam in den Brandherd. Jörg Friedrich gibt die Windgeschwindigkeit mit bis zu fünfzehn Metern pro Sekunde an. „Die Heftigkeit dieses Luftstroms erlaubt kein Gehen; der Passant stemmt sich, wird niedergerissen und unglücklichstenfalls in den Brandherd eingesogen.“ (Friedrich, S. 111) Schließlich nimmt der Sauerstoffentzug den Menschen die Luft zum Atmen.

Eines der Opfer des Luftangriffs vom 16. Januar 1945.

Beim Angriff am 16. Januar 1945 erstickte und von Trümmern erschlagene Menschen in der Ulrichskirche.

Glühende Erde

Der tosende Feuersturm glühte Magdeburgs Altstadt aus und ließ Tausende darin ersticken oder verbrennen. Gisela Geyer erlebte den Angriff als 16-jährige in der Regierungsstraße 7–9. „Innerhalb weniger Minuten war unsere Straße ein einziges Flammenmeer. Sogar die Pfützen brannten durch die Phosphorbomben. Von der Goldschmiedebrücke her kam eine Menschenschlange, sich gegenseitig haltend, mit Decken umhüllt in unsere Richtung. Der Sog der Flammen war so stark. Auf einmal fielen die brennenden Fassaden zusammen und begruben die Menschen unter sich." Als eine andere Zeitzeugin, Annemarie Burchardt, sich aus dem brennenden Haus am Kaiser-Wilhelm-Platz 5 rettete, sah sie „alles schwarz von Qualm, in der Nähe nur Flammen und Funkengestöber, der Feuersturm raste den Breiten Weg herunter gerade auf unser Haus zu." Jahrelang konnte sie keinen Brandgeruch mehr ertragen.

Erschütternde Szenen spielten sich ab. „Die engen Straßen der Innenstadt glichen haushohen Feuerwällen. Nichts konnte die Vernichtungskraft des in Windeseile sich ausbreitenden, das ganze Zentrum erfassenden Brandorkans aufhalten (...) Ein Feuersturm aus Funken, Rauch und Asche ließ viele vor Angst in die Keller zurücktaumeln, wo sie später erstickten. Andere wagten unter nassen Decken den Amoklauf durch die brennende Stadt." (Hartwig/Wille, S. 19) So auch Elisabeth Duderstaedt mit ihrer Großmutter. Sie mussten den Keller in der Venedischen Straße 13 verlassen, da es über ihnen brannte und sie keine Luft mehr bekamen. „Überall starker Funkenflug. Es regnete Feuer!", erinnert sich die Zeitzeugin. Immer wieder wiederholt sie diesen Satz. „Überall Feuer, glühende Steine, meine Füße brannten, wir wussten nicht, wohin wir laufen sollten. Wir schlugen uns zunächst zur Katharinenkirche durch. Dort lagen haufenweise Tote, denen die Lungen geplatzt waren. Nur weiter! Eine Frau schrie nach ihrem Baby. Weiter! Meine Haare waren ganz kurzgeschmort, meine Schuhsohlen durchgebrannt. Oma im Nachthemd und auf Schlappen, alles war durchlöchert", so Elisabeth Duderstaedt, die schließlich am Otto-von-Guericke-Denkmal bewusstlos zusammenbrach und von irgend jemandem gerettet wurde. Andere hatten schon mit dem Leben abgeschlossen und registrierten nur noch „Das ist das Ende!"

Die Menschen wussten, die Sicherheit in den Kellern unter den brennenden Häusern war trügerisch. Konnten die Keller zwar so manch einer Erschütterung trotzen, so machten verschüttete Ausstiege sie häufig zu einer tödlichen Falle. Das unterirdische Gängesystem sollte das verhindern. Durch die nur locker zugemauerten Trennwände konnten sich viele Menschen retten und zu einem anderen, sichereren Ort gelangen. Ihre Ziele hießen Elbufer, Domplatz, Nordpark, Schroteplatz und Luisengarten (heute Geschwister-Scholl-Park). Von dort mussten sie verzweifelt mit ansehen, wie Magdeburg im Flammenmeer ertrank.
Die Gefahr war nach dem Bombardement noch lange nicht vorbei.

In diesen Eimern wurden die verbrannten Überreste der Bewohner des Hauses Tischlerbrücke 4 geborgen.

Helene Grenzendörfer, die den Angriff in der Olvenstedter Straße 8b überlebte, schrieb: „Es fielen zwar keine Bomben mehr. Aber alle Häuser, die ich sehen konnte, standen in Flammen, die auch schon aus den Fenstern der oberen Geschosse hervorbrachen. Als Folge entwickelte sich über der brennenden Stadt ein an Stärke beständig zunehmender Sturm. Er wurde immer stärker, da ganz Magdeburg ein Flammenmeer war. Gleichzeitig setzte ein Funkenregen von der Dichte eines schweren Schneesturmes ein, einhergetrieben von den Sturmböen. Überall zog ein derartig beißender Qualm, dass ich die Augen kaum noch offen halten konnte. Funkenmassen wurden durch den Sturm in die Wohnung gewirbelt." Vera Wopp, in der Friesenstraße 10 ausgebombt, schrieb: „Wohin? Das Feuer raste und der Feuersturm machte eine gegenseitige Verständigung fast unmöglich." Die Häuser brannten und entfachten den Feuersturm immer mehr. Der örtliche Luftschutzleiter notierte später: „...Der blitzartig um sich greifende Flächenbrand (...) hatte zur Folge, dass ein Teil der Bevölkerung nicht mehr den Mut hatte, die Luftschutzräume zu verlassen. Nur dort, wo Polizei, Partei, Wehrmacht und einige beherzte Männer energisch eingriffen, gelang es erfreulicherweise, Tausende den Flammen zu entreißen." (zit. nach Wille 1995, S. 71)

Wer zu lange zauderte, musste um sein Leben laufen. Wer konnte, hängte sich nasse Wolldecken um. Doch sie halfen wenig. Viele Menschen wurden durch den starken Sog der Flammen umgeworfen oder in der unerträglichen Hitze ohnmächtig. Andere blieben mit den Füßen im geschmolzenen Asphalt stecken. Vor dieser Gefahr hatte die Mutter des damals 9-jährigen Joachim Karl Krause eindringlich gewarnt, als sie den Jungen nach dem Angriff von der Leiterstraße zu den Gleisen des Hauptbahnhofs schickte, damit er auf ihnen zu Fuß nach Eickendorf zu den Verwandten entfliehen konnte. Der Junge rannte um sein Leben. Heute sagt er, dass seine Haut noch monatelang nach Rauch gerochen hätte. Unvergesslich auch die Zeit voller Angst vorher im Keller des Hauses Leiterstraße 19. „Die Hitze war so groß, dass das Obst in den Einweckgläsern bis auf ein Drittel des Inhalts zusammengeschmolzen ist", stellte seine Mutter später fest.

Außer Hitze und Sauerstoffmangel bildeten herabstürzende Trümmer oder Balken eine weitere Gefahr für die durch die Stadt laufenden Menschen. Hunderte warteten in der Ruine der schon 1944 zerstörten Katharinenkirche auf Rettung, wagten sich die ganze Nacht nicht fort. (Wille 1995, S. 70) Andere Überlebende suchten im Laufe der Nacht im Elbbunker Zuflucht. „Ich sehe sie noch vor mir, die alte Frau im Nachthemd und einem Hausschuh. Sie guckte wie irr", erinnert sich Ilse Einbrodt.

Bewohner von Braunschweig, Halberstadt, Salzwedel und vielen anderen Orten konnten den vom Feuer glutrot erleuchteten Himmel über Magdeburg beobachten. Den Feuerschein der brennenden Stadt sahen britische Flugzeugbesatzungen auf ihrem Rückflug sogar noch hinter dem Rhein. (Wille 1995, S. 69) In Magdeburg-Fermersleben stieg der Vater der damals 26-jährigen Anneliese Schultze geb. Krüger nach dem Angriff auf das Dach seines Wohnhauses. Nach einer Weile kam er weinend zurück und rief den anderen Hausbewohnern im Luftschutzkeller verzweifelt zu „Ganz Magdeburg brennt !" „Minuten später auf der Straße sah ich den glühend roten Himmel über Magdeburg", so Anneliese Schultze. „Dann überfiel uns ein starker, warmer Wind. Er kam aus der Stadt. Wir alle, die Nachbarn und ich, haben geweint. Der ganze Himmel rot, so grauenvoll!"

In einem privaten Fotoalbum, das im Stadtarchiv Magdeburg überliefert ist, steht unter den Bildern eines von Bomben zertrümmerten Hauses:

„Verwüstet ward das Haus,
die Bomben heulend platzten,
uns starb der kleine Claus,
vom Sieg Hyänen schwatzten."

Banges Suchen nach Angehörigen, Freunden und Bekannten unter den Toten.

Nach dem Inferno

Der französische Pfarrer Aimé Bonifas kam 1945 durch Magdeburg. In seinem erschütternden Bericht über seine Häftlingszeit in faschistischen Konzentrationslagern schrieb er: „Wir durchqueren Magdeburg mit seinen noch rauchenden Ruinen. Es ist eine Wüste! Es gibt kein anderes Wort dafür, um die Trostlosigkeit und Öde dieser Stadt auszudrücken, die einmal Großstadt war. Die meisten Mauern und Schornsteine stehen noch, doch alle Dächer sind weggefegt, und die gähnenden Löcher lassen nur verkohlte Wände sehen." Genaue Angaben über die Opfer des Bombardements vom 16. Januar 1945 konnten nie ermittelt werden. Die spärliche Quellenlage lässt sie nicht zu. Die oft emotional geführte Debatte um die Zahl der Opfer währte lange und hält zum Teil bis in die Gegenwart an.

Durch den Angriff am 16. Januar wurden der größte Teil der Altstadt, ferner Teile der Alten und Neuen Neustadt und der Wilhelmstadt zerstört. Insgesamt legte der Luftangriff vom 16. Januar 1945 rund ein Drittel Magdeburgs in Schutt und Asche. „Damit wurde dieser Angriff zu einem der verwüstendsten und opferreichsten Flächenangriffe des Bomber Commands gegen eine Großstadt." (Groehler 1990, S. 396) Fast die gesamte historische Innenstadt mit wertvollen Bauten, wie am Alten Markt und Breiten Weg, wurde für immer vernichtet.

Aus sämtlichen Orten der Umgebung rasten Feuerwehren und andere Einsatzkräfte Richtung Magdeburg. „Die ganze Nacht sind sie gefahren", so Anneliese Schultze. Doch in die Innenstadt konnten sie mit ihren Autos nicht vordringen. Überall brannte es, überall lagen Schuttberge und die Straßen waren verkratert. Wo Platz war, lagen lange Reihen von Toten. Zwei Tage später stand Anneliese Schultze vor dem Hauptbahnhof, wo sie ein schockierendes Erlebnis hatte. „Soldaten holten mit langen Stangen dampfende schwarze Pakete aus den Trümmern des Hotels Continental und reihten sie auf. Andere legten die Pakete in Särge aus Brettern. Ich wusste nicht, warum sie das machten, bis mir einer sagte, dass die kleinen Pakete Menschen sind." In den frühen Morgenstunden des 17. Januar erreichte der zum Katastropheneinsatz nach Magdeburg abgesandte 17-jährige Joachim Hagedorn aus Zerbst die Trümmerstadt an der Elbe. „Eine blühende Stadt tat sich in riesigen Ausmaßen als gespensterhafte Ruinenlandschaft vor mir auf...", notierte er später. Erschüttert stellte auch der 16-jährige Konrad Möwes am Tag nach dem Angriff fest: „Der mir so vertraute Breite Weg war ein brennender, rauchender Trümmerhaufen. Die Straßenzüge, die vielen Nebenstraßen, waren kaum zu finden. Überall lagen Leichen." Am 22. Januar 1945 schrieb Ewald Schmengler aus der Wolfenbütteler Straße 28 an seine Kinder in Bernburg: „Magdeburg ist ein Trümmerhaufen und eine tote Stadt, wer hätte das jemals gedacht."

Frauen mit Brandbrillen retten einige Habseligkeiten aus dem Keller.

Diese Frau bringt die Reste ihrer Kücheneinrichtung in Sicherheit.

Blick über das Rathaus auf den Alten Markt am 29. Juli 1949.

Blick vom Nordturm der Johanniskirche nach Westen mit Ulrichskirche und Hauptbahnhof im Hintergrund im Juli 1949.

Das zerstörte Schlosscafé, Breiter Weg 30, im August 1946.

Diese Aufnahme vom 15. April 1946 zeigt die Zerstörungen am Platz Bei der Hauptwache. Allein das Otto-von-Guericke-Denkmal in der Bildmitte scheint unversehrt zu sein. Am linken Bildrand sind Teile des Alten Marktes zu sehen.

Das Restaurant „Artushof", Johannisbergstraße 3, wurde ebenso zerstört wie die Gebäude der angrenzenden Straßen am Johanniskirchhof. Links ist das Lutherdenkmal zu sehen.

Die Opfer

Noch in der Nacht und in den dem Angriff folgenden Tagen bargen Hilfstrupps die Opfer. Auch die Mutter von Elisabeth Tolksdorf gehörte als Angehörige des Roten Kreuzes zu den Helfenden. Sie ging kurze Zeit nach dem Angriff mit ihrer Tochter Elisabeth von Buckau zu Fuß Richtung Stadt. Elisabeth blieb am Hasselbachplatz und kümmerte sich mit vielen anderen Helfern um die, die in Panik aus der Otto-von-Guericke-Straße und vom Breiten Weg kommend, dem Inferno entronnen waren. „Die Menschen hatten fast keine Kleider mehr am Leib und waren völlig verstört. Wir haben sie in Decken gewickelt, dann wurden sie auf Wagen fortgebracht", so Elisabeth Tolksdorf. Als sie wenig später in der Otto-von-Guericke-Straße, Höhe Harmoniegebäude (heute Freie Kammerspiele) half, spürte sie den Sog aus der Innenstadt. „Ich hatte das Gefühl, als wenn das Feuer mich in die Stadt zieht. Es herrschte eine enorme Hitze."

In der Innenstadt bargen Einsatztrupps die durch Phosphor zusammengeschrumpften verkohlten Brandleichen, Erstickte und Erschlagene und legten sie vor die Häuser. Tagelang dauerten die Bergungsarbeiten. Und tagelang noch brannte die Stadt. Überlebende suchten zwischen den aufgereihten Toten ihre Angehörigen, hinterließen an Bäumen und Mauern Nachrichten für ihre Lieben. Fuhrwerke brachten die Leichen zu den Friedhöfen, besonders auf den Westfriedhof. Dort waren bereits Ende 1944 Massengräber ausgehoben worden. Die Einbettungen dauerten fast zwei Wochen.

Die Überlebenden standen nach der Ausbombung ihrer Wohnungen vor der Frage „Wohin?" Wer konnte, fand zunächst bei Verwandten und Freunden in den weniger betroffenen Vorstädten Unterkunft. Zwischen den Trümmern hingen Plakate mit der Aufschrift „Plünderer werden mit dem Tode bestraft!" Die Notausgabe der Zeitung „Der Mitteldeutsche" meldete am 18. Januar 1945: „Fliegergeschädigte, die ihrer Unterkunft verlustig sind, erhalten in der Auffangsammelstelle eine Unterkunft zugewiesen." Nichtberufstätige Obdachlose hatten die Stadt möglichst zu verlassen. Die Auffangsammelstellen veranlassten den Abtransport. Überlebende wurden zum Buckauer Bahnhof und von dort in die umliegenden Städte und Gemeinden gebracht. Tausende flohen aus der Stadt.

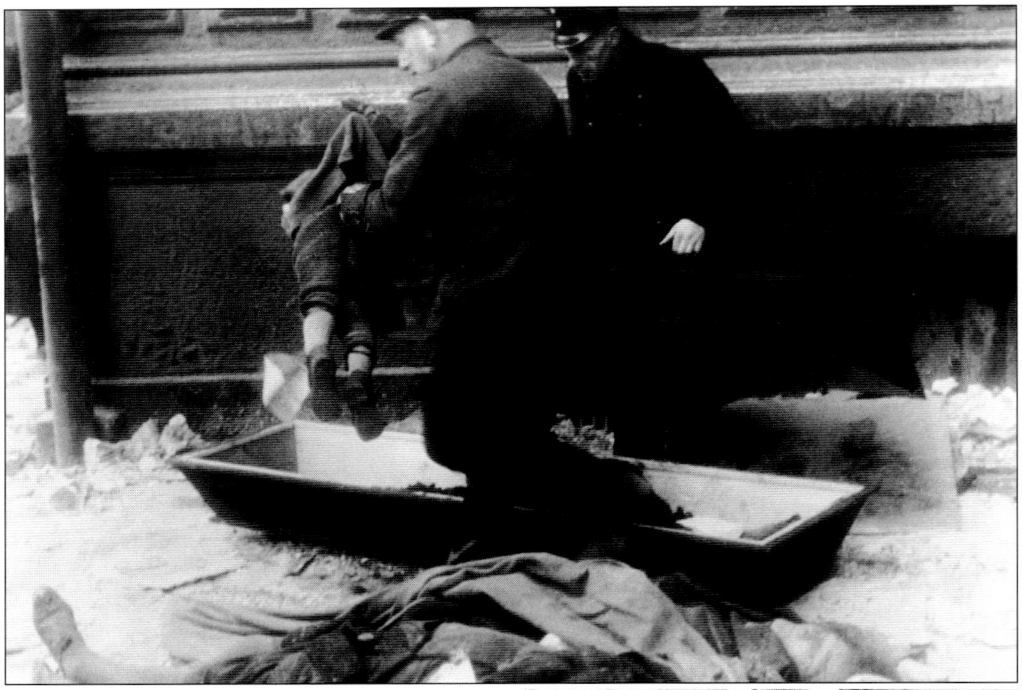

Ein kleiner Junge wird zu seiner verbrannten Mutter in den Sarg gelegt.

Hilfskräfte bei Räumarbeiten in einer schwer getroffenen Wohnung in der Berliner Straße.

Mit Kreide schreibt eine Frau die Adresse ihrer neuen Unterkunft an eine Wand. Vielleicht suchen ihre Angehörigen nach ihr.

Auch behördliche Dienststellen mussten anderweitig untergebracht werden. Das Kulturgut aus Museen, Archiven und Bibliotheken war schon vorher ausgelagert worden.
Vom 17. Januar 1945 bis 17. April 1945 wurde die Stadt noch über ein Dutzend Mal aus der Luft angegriffen, so am 2., 3., 6. und 9. Februar 1945. Die Bombardements galten den noch nicht in Mitleidenschaft gezogenen Wohnvierteln, der Industrie und dem Verkehrsnetz. Getroffen wurden Anlagen der Deutschen Reichsbahn, die Schule in der Schmeilstraße, die Hindenburgbrücke, Gebäude in der Nähe des Hasselbachplatzes. Bei den Angriffen am 13., 14. und 15. Februar wurden abermals Wohngebiete bombardiert. Die Pfeifferschen Stiftungen beklagten allein über 100 Todesopfer. Das Hauptpostgebäude am Breiten Weg, das Kaiser-Friedrich-Museum in der Otto-von-Guericke-Straße, die Bismarckschule und die Adolf-Hitler-Brücke (ehemalige Sternbrücke) wurden beschädigt. 157 Menschen starben. In den Vormittagsstunden des 2. März 1945 wurde die Stadt erneut angegriffen. Der Dom erlitt schwere Schäden, insbesondere die Westfassade und das Hauptschiff. Am 3. März 1945 zerstörten amerikanische Bomberflugzeuge die Brabag endgültig. Schwarze Rauchschwaden verdunkelten den Himmel über Magdeburg. (Heidelmayer, S. 122 ff.)
Viele Opfer und schwere Schäden, unter anderem in der Gegend um den Hasselbachplatz, in der Wilhelmstadt und in Sudenburg, forderten auch die Angriffe vom 3. und 17. April 1945.

Wenige Tage nach dem 16. Januar 1945 war dies der erste Verkaufsstand auf dem Alten Markt.

Am 18. April erreichte die US-Armee Magdeburg. Einen Tag später befreite sie den westlich gelegenen Hauptteil der Stadt und stand an der Elbe. Zu den Zerstörungen der letzten Tage gehörte die der Stadthalle im Rotehornpark. Erst am 30. April verließen die letzten deutschen Einheiten ihre Stellungen. Die östlichen Stadtgebiete wurden am 5. Mai 1945 von der Sowjetarmee besetzt.

Kriegsschäden in Magdeburg

Magdeburg stand im Zerstörungsgrad an vorderer Stelle unter den Großstädten. Der mittlere Zerstörungsgrad betrug 60 Prozent. Bei insgesamt ca. sechs Millionen Kubikmeter Trümmern entfielen 20 Kubikmeter auf jeden Einwohner. Vier Fünftel der Altstadt und viele öffentliche Gebäude waren zerstört. Die Luftangriffe hatten das Verkehrsnetz lahm gelegt. Die Elbbrücken waren gesprengt. Die Großbetriebe registrierten ebenfalls große Schäden. Der Stadtverwaltung blieben nur zwei kleine Dienstgebäude, die zudem schwer beschädigt waren. Das Statistische Taschenbuch von 1956 gibt für Magdeburg als total zerstört an: 196 öffentliche Gebäude, 23 Schulen, 15 Kirchen, 21 Lichtspieltheater, drei Theater, drei Museen, 14 Krankenhäuser oder Kliniken, 34 Warenhäuser, über 2500 Ladengeschäfte und Handwerksbetriebe, 130 Fabriken, 13 Hotels sowie 37 Festhallen und Versammlungsräume.

Die Luftangriffe auf einen Blick

Datum	*Tageszeit*	*Tote*	*Verletzte*
22.08.1940	*Nacht*	*3*	*7*
16.12.1940	*Nacht*	*9*	*24*
18.04.1941	*Nacht*	*12*	*37*
13.08.1941	*Nacht*	*7*	*23*
29.12.1943	*Nacht*	*-*	*-*
11.01.1944	*Tag*	*-*	*-*
14.01.1944	*Nacht*	*-*	*-*
21.01.1944	*Nacht*	*112*	*271*
22.02.1944	*Tag*	*41*	*194*
28.05.1944	*Tag*	*24*	*72*
20.06.1944	*Tag*	*48*	*148*
29.06.1944	*Tag*	*92*	*291*
05.08.1944	*Tag*	*683*	*881*
16.08.1944	*Tag*	*91*	*66*
11.09.1944	*Tag*	*120*	*212*
12.09.1944	*Tag*	*136*	*143*
28.09.1944	*Tag*	*261*	*492*
07.10.1944	*Tag*	*50*	*112*
14.01.1945	*Tag*	*n. b.*	*n. b.*
16.01.1945	*Tag*	*40*	*-*
16.01.1945	*Nacht*	*ca. 2000–2500*	*11221*
17.01.1945	*Nacht*	*-*	*-*
02.02.1945	*Nacht*	*-*	*6*
03.02.1945	*Tag*	*23*	*11*
06.02.1945	*Tag*	*167*	*216*
09.02.1945	*Tag*	*42*	*52*
13.02.1945	*Nacht*	*4*	*-*
14.02.1945	*Tag*	*15*	*45*
14.02.1945	*Tag*	*62*	*89*
15.02.1945	*Tag*	*76*	*11*
02.03.1945	*Tag*	*73*	*24*
03.03.1945	*Tag*	*n. b.*	*n. b.*
13.03.1945	*Tag*	*63*	*n. b.*
14.03.1945	*Nacht*		
02.04.1945	*Nacht*	*n. b.*	*n. b.*
03.04.1945	*Nacht*	*62*	
04.04.1945	*Nacht*	*n. b.*	*n. b.*
17.04.1945	*Tag*	*etwa 150*	*etwa 650*

(nach Hartwig/Wille 1985, S. 70, Groehler 1990, S. 396 ab Dezember 1943, Unterlagen aus dem Nationalarchiv Washington)
n.b. = nicht bekannt

Zu den einzelnen Angriffen liegen teilweise abweichende Forschungsergebnisse vor, insbesondere zur Anzahl der Opfer. So gibt Wille zum Beispiel für den Angriff vom 21. Januar 1944 120 Tote und 400 Verletzte an.

Hatte Magdeburg am Vorabend des Zweiten Weltkrieges etwa 336 000 Einwohner, so war die Zahl im April 1945 durch die Kriegswirren auf 90 000 Magdeburger gesunken. Bei Hinzuzählung Ortsfremder lebten etwa 120 000 bis 130 000 Menschen in der Stadt. Von den 106 733 Wohnungen waren 40 674 total vernichtet und 34 000 beschädigt worden. Fast 70 Prozent des gesamten Wohnraumes waren damit zum Teil nicht mehr bewohnbar. Ein Leben in der Stadt schien kaum möglich zu sein. Viele Menschen hausten in Notunterkünften.

Der Bunker vor dem Stadttheater nach seiner Sprengung. Aufnahme vom 27. Mai 1946.

Ruine der Deutsch-Reformierten Kirche im Nordfrontgelände. An der ebenfalls kriegsgeschädigten Litfaßsäule prangen Werbeplakate der 1949 gegründeten Nationalen Front.

Die Trümmer müssen fort

Nach der Besetzung ihrer Stadt durch Amerikaner und Russen im Frühjahr 1945 atmeten die Magdeburger auf. Keine Fliegeralarme und Luftangriffe mehr! Angesichts der verwüsteten, nunmehr vorübergehend geteilten Stadt, der durchlebten Ereignisse, der Unkenntnis über das Schicksal von Angehörigen sahen sie einer ungewissen Zukunft entgegen. Aber der Krieg war zu Ende – Erleichterung und Hoffnung auf bessere Zeiten! Es ging darum, zu überleben, irgendwie. In den Elbbunkern saßen Tausende von Bewohnern der östlichen Vororte, die infolge der Brückensprengungen nicht in ihre Heimstätten zurückkehren konnten.

Über die seelische Not der Bewohner wird kaum etwas berichtet. Die Verwaltung hatte sich in erster Linie darum zu kümmern, das Leben in der Stadt zu organisieren. Das bedeutete vor allem Beseitigung der Trümmer, Inbetriebnahme von Versorgungseinrichtungen und Verkehrsanlagen, Schaffung von Wohnraum und Sicherung der Lebensmittelversorgung. Gefährdete Haus- und Giebelwände wurden gestützt und untermauert. So entstanden erste Behelfswohnungen. Die Wohnungsnot war ein riesiges Problem. Zwar konnten in Privathäusern Magdeburgs bis Juli 1946 etwa 5000 Wohnungen wieder bewohnbar gemacht werden, doch warteten 60 000 evakuierte Magdeburger außerhalb der Stadt auf die Zuzugsgenehmigung. Dazu kamen die Umsiedler aus dem Osten. Allein bis zum 1. April 1946 ließen sich in Magdeburg 9217 Umsiedler nieder. Insgesamt wurden in Magdeburg in den ersten sieben Monaten des Jahres 1946 etwa 600 000 Umsiedler betreut. (Eberhard, S. 45)

Bereits am 4. Juni 1945 fuhren wieder die ersten Straßenbahnen in der Stadt. Ab Herbst 1945 war die Versorgung mit Stadtgas möglich. Auch Strom gab es schon wieder.

Große Anstrengungen galten der Wiederherstellung der Elbbrücken. Zunächst bauten amerikanische Pioniere neben der zerstörten alten Strombrücke eine Behelfsbrücke, die Freundschaftsbrücke. Sie wurde am 12. Juli 1945 nach der Besetzung des Westteils der Stadt durch sowjetische Truppen auch für den zivilen Verkehr geöffnet. So waren das west- und das ostelbische Magdeburg wieder miteinander verbunden. Im November 1945 begann der Wiederaufbau der Strombrücke. Ihrer Einweihung am 29. April 1946 wohnten Tausende bei. Auch die Hubbrücke in der Höhe des Domes konnte bald wiederhergestellt und so eine provisorische Eisenbahnlinie zwischen dem westlichen und dem östlichen Stadtteil geschaffen werden. Mitte September 1945 begann die Wiederherstellung der Herrenkrug-Eisenbahnbrücke. Dieses für den Eisenbahnverkehr so wichtige Bauwerk wurde am 12. März 1946 eingeweiht.

Seit November 1945 wurde am Wiederaufbau der Strombrücke gearbeitet. Diese Aufnahme entstand nach der Einweihung am 29. April 1946.

Zur Beseitigung der Trümmer in der Stadt wurde erstmals am 19. Mai 1945 die arbeitsfähige männliche Bevölkerung im Alter von 14 bis 65 Jahren zur Pflichtarbeit aufgerufen. Am 23. September 1945 gelang es den Räumtrupps, durch den Trümmerberg am Eingang zum Hauptbahnhof einen Durchgang zu schaffen. Zwei Tage später fuhr die Straßenbahnlinie „14" vom Hauptbahnhof nach Südost. Die im Krieg zerstörte Hauptbahnhofshalle konnte erst am 30. April 1949 wieder für den Publikumsverkehr freigegeben werden.

Die Trümmer lockten trotz Verbotes Heranwachsende zum abenteuerlichen Spiel. Ein tragischer Unfall ereignete sich am 31. Januar 1947 in Magdeburg-Fermersleben, als beim Spielen mit einem Artilleriegeschoss auf einem zerbombten Grundstück vier Kinder getötet und zwei schwer verletzt wurden. Die latente Gefahr greift bis in die Gegenwart. Noch heute belehren Lehrer in der Schule die Kinder, wie sich sich bei Munitionsfunden zu verhalten haben.

Anfang 1946 begann neben der Johanniskirche die erste Schuttverarbeitungsmaschine, bestehend aus einem Ziegelbrecher und einem Sortiersieb, zu arbeiten. Als am 9. Mai 1948 die Trümmeraufbereitungsanlage am Schroteplatz ihren Betrieb aufnahm, fanden sich Tausende Magdeburger ein. Die Volksstimme berichtete: „... nach einem langanhaltenden Pfeifsignal der Lokomotive setzte sich das Räderwerk der Anlage in Bewegung. Jede Minute wurde eine Lore voll Ziegelbruch verarbeitet. Der ununterbrochene Strom des gemahlenen roten Splitts ergoß sich über das lange Förderband in den Silo." Die Anlage verarbeitete große Mengen Mauersteinbruch zu Ziegelmehl und Ziegelsplitt unterschiedlicher Körnung. Trotz aller Mühen sollten die Trümmer des Krieges noch lange Zeit das Stadtbild bestimmen. Erst 1959 war die Stadt fast trümmerfrei.

Freilegung der Halle an der Buttergasse am Alten Markt. Mit den Ausgrabungen wurde im April 1948 begonnen, wobei ca. 2000 Kubikmeter Schutt beseitigt werden mussten.

Aufbau-Sonntag im Juni 1952 – ein Spielmannszug spielt zwischen bereits geputzten und gestapelten Ziegelsteinen.

Trümmerbahn und Trümmerhalde am Deutschen Platz, heute Universitätsplatz, im März 1949.

Riesiger Trümmerberg in der Nähe der Ulrichskirche. Obenauf ist die Trümmerbahn zu sehen, September 1948.

Blick vom Rathaus nach Norden im Oktober 1953. Neben den Türmen der zerstörten Jakobikirche ist auch das ehemalige Logengebäude zu erkennen.

So präsentierte sich im Mai 1950 das ehemalige Wohnquartier vor dem Hauptbahnhof.

Freier Blick auf Johanniskirche und Rathaus im August 1952. Das ehemals eng bebaute Gebiet des späteren Zentralen Platzes ist geräumt.

Trümmerfrauen

Da viele Männer im Krieg gefallen oder schwer verwundet waren, andere sich in der Gefangenschaft befanden, rückten hunderte Frauen in der Nachkriegszeit den Trümmern zu Leibe. Nach Zeitzeugenaussagen bestanden Enttrümmerungskolonnen zu drei viertel aus Frauen. Ihre Arbeitsstunden wurden vom Arbeitsamt registriert und berechtigten zum Bezug von Lebensmittelkarten. Frau K. (geb. 1919) berichtete über die schwere Arbeit, die sie durch Vermittlung des Arbeitsamtes in der Jakobstraße ausführte: „Mit einem 10-Pfundhammer haben wir die Decken eingeklopft. Wir haben die Steine gestapelt und den anfallenden Schutt auf Loren geschippt. Auch die Schienen für die Loren haben wir verlegt." Frau W. (geb. 1920) war am Hauptbahnhof eingesetzt: „Wir Frauen haben unten am Fließband gestanden und den Schutt aufgeladen oder haben oben die Steine abgeklopft. Es kostete viel Kraft, stundenlang die schwere Schippe mit dem Dreck zu heben." (Model, S. 18f.). Am Portal der westlichen Vorhalle der Johanniskirche erinnert seit 1983 die Plastik „Trümmerfrau" des Magdeburger Bildhauers Heinrich Apel an die schwere Arbeit, die die Trümmerfrauen geleistet haben.

Im Juni 1946 beginnt die Verlegung von Schienen für die Trümmerbahn. Ende 1946 waren 4,5 Kilometer Gleise verlegt.

Trümmerfrauen füllen Loren der Trümmerbahn, April 1948.

Der Aufbau

Bereits im April 1946 wurden die ersten Aufbaupläne für die Magdeburger Altstadt vorgestellt. Sie waren das Ergebnis eines Ideenwettbewerbs, für den insgesamt 97 Entwürfe eingereicht worden waren. 1949 fand ein weiterer Wettbewerb statt.

Der Neuaufbau im Stadtzentrum begann 1950 in der südlichen Otto-von-Guericke-Straße. Der erste Neubau im Zentrum Magdeburgs nach Kriegsende war das Wohnhaus Otto-von-Guericke-Straße 47/Ecke Keplerstraße, das im Februar 1951 fertig gestellt wurde und zum Teil schon bezogen war. Im Frühjahr 1951 begann der Aufbau im mittleren Abschnitt des Breiten Weges. Am 1. Mai 1951 legte Oberbürgermeister Philipp Daub den Grundstein für diesen Baukomplex, der bis dahin größten Wiederaufbaumaßnahme in Magdeburg. Die ersten Blöcke in der so genannten „Ladenstraße" und ein Wohnblock auf der Nordseite des Alten Marktes konnten 1952 bezogen werden.

Die Grundsteinlegung für den Zentralen Platz erfolgte 1953. Mit der Anlage der Wilhelm-Pieck-Allee (heute Ernst-Reuter-Allee) wurde die bereits im 17. Jahrhundert von Otto von Guericke vorgeschlagene Ost-West-Achse in die Tat umgesetzt. Die dort dominierenden Bauten im „Zuckerbäckerstil" hatten in der sowjetischen Architektur ihr Vorbild. Projektant war der damalige Chefarchitekt Johannes Kramer. Dem Bauvorhaben in diesem Gebiet mussten die bereits wieder aufgebaute Heiliggeistkirche und die Ruine der Ulrichskirche weichen. Es entstand ein Platz mit Springbrunnen und Grünflächen, der heutige Ulrichplatz.

Die Bebauung des Stadtzentrums wurde mit dem Nordabschnitt des Breiten Weges und der Jakobstraße fortgesetzt. Von 1945 bis 1958 konnten 32 000 teilweise zerstörte Wohnungen wiederhergestellt und über 14 000 neue gebaut werden.

Neben dem dringend notwendigen Wohnungsbau wurde auch der Wiederaufbau von einigen verbliebenen historischen Gebäuden in Angriff genommen. Dazu zählen der Dom, die Gebäude am Domplatz, das Kloster Unser Lieben Frauen und das Rathaus. Von den Barockhäusern am Breiten Weg aber sind heute nur noch zwei, Nr. 178 und 179, zu bewundern. Das einst eng bebaute Elbufer wurde beräumt, begrünt und später als Promenade gestaltet.

Auch Oberbürgermeister Philipp Daub (Mitte), der dieses Amt von 1950 bis 1961 bekleidete, beteiligte sich an den Aufräumarbeiten – hier im März 1952.

Neue Straßennamen

Angesichts der gesellschaftlichen Veränderungen, die sich nach 1945 in der sowjetischen Besatzungszone vollzogen, war es nur eine Frage der Zeit, wann ein Teil der bisherigen Straßen-, Schul- und Brückennamen umbenannt würden. Zuerst fielen Namen fort, die im Zusammenhang mit dem nationalsozialistischen System standen oder einen militärischen Hintergrund hatten. Im Sommer 1946 erfolgte eine große Umbenennungswelle. Am 27. Juli 1950 berieten die Stadtverordneten über die Umbenennung von 99 Straßen, Wegen, und Plätzen, deren Namen als nicht mehr tragbar empfunden wurden. Das Adressbuch von 1950/51 weist insgesamt 128 Umbenennungen aus. Neben Straßen, Wegen, Plätzen und Brücken erhielten auch Stadtteile andere Bezeichnungen. Die Friedrichstadt bekam den Namen Brückfeld, die Wilhelmstadt hieß wieder Stadtfeld, und die Junkers-Siedlung und die Siedlung Gänseei wurden zum Stadtteil Nordwest. Nicht immer stießen die Umbenennungen auf Verständnis bei der Bevölkerung. Während einige frühere Namen schnell in Vergessenheit gerieten, blieben andere im Gedächtnis und auch in der Umgangssprache erhalten. Viele Magdeburger wollten nicht auf ihren Breiten Weg verzichten, und so erhielt die 1953 in Karl-Marx-Straße umbenannte Magistrale der Stadt bald nach der Wende 1989/90 wieder ihren ursprünglichen Namen zurück. Andere Namen verschwanden nach 1945 aus dem Stadtplan, weil die dazugehörigen Straßen gar nicht mehr vorhanden waren. Wer weiß heute schon noch, dass zum Beispiel in unmittelbarer Nähe des Alten Marktes Straßen verliefen, die Fettehennenstraße, Lödischehofstraße, Nadelöhrgasse oder Apfelstraße hießen?

Kampf gegen das Schiebertum

Die Nachkriegszeit war eine Zeit des Mangels und des Verzichts. Mittels Razzien gingen die Behörden gegen Tauschgeschäfte auf dem schwarzen Markt vor. Eine solche Groß-Razzia gegen Schwarzhandel und Schieberei fand zum Beispiel am 23. April 1947 statt. Bei verstärkten Razzien im September 1947 stellte die Polizei vor allem Getreide, Kartoffeln, Zwiebeln, Erbsen, Zucker, Fleisch, Eier, Käse, Öl, Schokolade, Zigaretten, Schnaps, Leder, Stoffe und Gebrauchsgegenstände aller Art sicher. So manch ein Teppich oder Möbelstück wurde gegen Kartoffeln eingetauscht. Nicht wenige Kranke, die dringend auf Medizin angewiesen waren, mussten nach dem Schwarzmarktbesuch erkennen, dass sie falsche oder gepanschte Medikamente erhalten hatten. Wie die Volksstimme am 18. September 1947 berichtete, wurden bei einer Razzia der Polizei in der Bahnhofstraße einen Tag zuvor etwa 90 Personen festgenommen. 23 von ihnen mussten sich in den Straßen der Altstadt mehrere Stunden an der Trümmerbeseitigung beteiligen. Die an einem anderen Tag unter anderem sichergestellten acht Büchsen Kakao, eine Büchse Bohnenkaffee und 53,5 kg Kakaobohnen erhielten Kranke und Kinder in Heimen. Doch wie groß angelegt so eine Razzia auch war, die „Unentwegten tauchten bald danach wieder in der Bahnhofstraße auf“, so die Volksstimme am 18. September 1947.

Die Menschen lechzen nach Kultur

Am 22. Juli 1945 fand unter Leitung von GMD Erich Böhlke in der Pauluskirche das erste Sinfoniekonzert des Städtischen Orchesters nach dem Krieg statt. In der ausverkauften Kirche erklangen Schuberts „Unvollendete“ und Beethovens 7. Sinfonie. Weitere Aufführungen folgten. Im Sommer 1945 erwarb die Stadt das Harmoniegebäude in der Otto-von-Guericke-Straße 64 und richtete es als „Haus der Kunst“ her. Hier fanden fortan viele Konzertabende statt. Am 1. September 1945 erlebten Musikbegeisterte in diesem Haus mit „Orpheus und Eurydike“ von Christoph Willibald Gluck die erste Opernpremiere nach dem Krieg. Am 18. August hatte bereits Goethes „Faust“ Premiere. Im Vortragssaal der Feuersozietät spielte seit 15. Oktober 1945 das Kabarett „Der Rote Faden“. Das erste Kabarett nach dem Krieg in Magdeburg war den Städtischen Bühnen angegliedert und verfügte über ein eigenes Ensemble, ein Orchester und eine eigene künstlerische Leitung.

Ein Symbol: In den Ruinen des Wilhelmsbades, des späteren Stadtbades, wird wieder geschwommen, September 1947.

Die Bedingungen, unter denen die ersten Aufführungen stattfanden, waren allerdings erbarmungswürdig, aber der Drang, Kultur zu erleben, ist groß. „Mit einem Brikett in der Hand ziehen die Leute in die ungeheizten Häuser. Das elementare Bedürfnis, sich über die Tristesse ringsum für zwei, drei Stunden hinwegzutrösten, kennt in den ersten Nachkriegsjahren keine Grenzen", schrieb der Theaterhistoriker Friedemann Krusche. Er ermittelte für das Jahr 1946 55 Inszenierungen und 983 Theatervorstellungen, die zusammen 551 000 Besucher hatten. Das Stadttheater in der Nähe des Hauptbahnhofes, das einst hauptsächlich Opern und Schauspiele aufführte, wurde nicht wieder aufgebaut. Zerstört war auch das Wilhelmtheater. Das ehemalige Zentraltheater, einst hauptsächlich Operetten vorbehalten, öffnete am 21. Dezember 1950 als Maxim-Gorki-Theater wieder seine Pforten.
Der beliebte Kristallpalast an der Leipziger Straße konnte nach seinem Wiederaufbau am 27. November 1949 eröffnet werden. Das Kino „Theater des Friedens", der ehemalige Deulig-Palast, am Alten Markt empfing am 1. Mai 1951 mit 1032 Sitzplätzen die ersten Besucher. In jenem Jahr gab es wieder 17 Lichtspielhäuser in Magdeburg. Für Abwechslung und Unterhaltung sorgten auch das Tivoli-Theater, Halberstädter Straße 110, das Wibo-Theater, Porsestraße 19, sowie die Palast-Theater in Buckau und Sudenburg.

„Magdeburg lebt"

Nach dem Krieg schöpften die Magdeburger wieder neuen Lebensmut. Die Ausstellung „Magdeburg lebt", die ab 8. Juni 1947 im Städtischen Museum zu sehen war, sollte das zum Ausdruck bringen. Ihr Anliegen wurde auf dem Ausstellungsplakat in Form des ägyptischen Sagenvogels Phönix symbolisch dargestellt. Die Ausstellung präsentierte Fotos und Skizzen, die die wechselvolle Geschichte der Stadt, ihre mehrfachen Zerstörungen – besonders während des Zweiten Weltkrieges – belegen, ferner inzwischen wieder zusammengetragene Museumsschätze. Die Besucher konnten Modelle und Zeichnungen zum geplanten Wiederaufbau besichtigen. Trotz vieler Entbehrungen der Nachkriegsjahre: Magdeburg lebte wieder! Und oft war in jenen Jahren folgender Spruch zu hören: „Lieber ein ganzes Leben trockenes Brot essen, als je noch einmal einen Bombenangriff miterleben!"

Auswahl der verwendeten Quellen und Literatur

Als Feuer vom Himmel fiel. Der Bombenkrieg gegen die Deutschen, Spiegel spezial 1/2003.
Amtliche Mitteilungen der Stadtverwaltung Magdeburg, Oktober 1941 – Januar 1945, in: Stadtarchiv Magdeburg, Rep. 44 Nr. 20.
Amtliches Mitteilungsblatt des Rates der Stadt Magdeburg, 1945–1949.
Ballerstedt, Maren: Großstadt Magdeburg – Von den Gründerjahren bis zum Ausbruch des Zweiten Weltkrieges, in: Puhle, Matthias (Hg.): Magdeburg in Bildern von 1492 bis ins 20. Jahrhundert, Magdeburg 1997, S. 111–124.
Ballerstedt, Maren: Daten zur Magdeburger Stadtgeschichte. Mai 1945 bis Oktober 1990, in: Magdeburg. Porträt einer Stadt, hrsg. von der Landeshauptstadt Magdeburg und dem Landesheimatbund Sachsen-Anhalt e.V., Halle/S. 2000, S. 161–224.
Bedürftig, Friedemann: Lexikon Drittes Reich, München 1997.
Buchholz, Ingelore: Die Entwicklung des Stadtbildes nach 1945, in: Puhle (Hg.) 1997, S. 177–186.
Buchholz, Ingelore/ Ballerstedt, Maren: Aus dem Leben der Magdeburger 1939 bis 1945, in: Puhle (Hg.) 1995, S. 74–111.
Buchholz, Ingelore/ Ballerstedt, Maren/ Buchholz, Konstanze: Magdeburg so wie es war, Teil 1 Düsseldorf 1991, Teil 2 Düsseldorf 1997.
Dietzel, Kerstin: „Ein schönes Märchen geht zu Ende". Die gauinterne Kinderlandverschickung in den Gauen Magdeburg-Anhalt und Halle-Merseburg während des Zweiten Weltkrieges, Halle 2002.
Eberhard, Rudolf: Ein Jahr Aufbauarbeit in Magdeburg. Rechenschaftsbericht der Stadtverwaltung über die im ersten Jahr nach dem Hitlerkrieg geleistete Arbeit, erstattet am 27. Juli 1946 von Oberbürgermeister Eberhard, hrsg. vom Magistrat der Stadt Magdeburg, Magdeburg 1946.
Friedrich, Jörg: Der Brand. Deutschland im Bombenkrieg 1940–1945, 11. Aufl., München 2002.
Grenzendörfer, Helene: Wie ich die Zerstörung der Stadt Magdeburg am 16. Januar 1945 erlebt habe, Bad Wörishofen 1975.
Groehler, Olaf: Vor 40 Jahren, in: Flieger-Revue 2/1985, S. 50–54.
Groehler, Olaf: Bombenkrieg gegen Deutschland, Berlin 1990.
Grünwald, Karin: Magdeburg im Zweiten Weltkrieg, in: Puhle (Hg.) 1997, S. 163–170.
Hartwig, Rudi: Bomben auf Frauen und Kinder. Zu den anglo-amerikanischen Luftangriffen im Zweiten Weltkrieg auf Städte im Territorium des heutigen Bezirkes Magdeburg, in: Magdeburger Blätter, 1985, S. 4–13.
Hartwig, Rudi/ Wille, Manfred: Magdeburg im Feuersturm. Ein Dokumentarbericht, Magdeburg 1985.
Heidelmayer, Alfred: Magdeburg 1945. Zwischen Zerstörung und Kriegsende. Ein Bericht, in: Puhle (Hg.) 1995, S. 112–164.
Jakobs, Friedrich: Wie Phönix aus der Asche, in: Puhle (Hg.) 1995, S. 165–177.
Krusche, Friedemann: Theater in Magdeburg, Bd.2, Halle 1995.
Magdeburgische Zeitung 1934–1944.
Menzel, Helmut: Kasernen Magdeburgs. Flakkaserne. Bauhistorische Dokumentation, Manuskript, 2000.
Model, Erika/ Futterlieb, Angela/ Linde, Regina: Das Leben geht weiter. Magdeburger Frauen bewältigen die Probleme der Nachkriegszeit (1945–1949/50), hrsg. von der Landeshauptstadt Magdeburg, Amt für Gleichstellungsfragen/ Frauenbüro, Magdeburg o.J. (1993).
Neillands, Robin: Der Krieg der Bomber. Arthur Harris und die Bomberoffensive der Alliierten 1939–1945, Berlin 2002.
Puhle, Matthias (Hg.): „Dann färbte sich der Himmel blutrot..." Die Zerstörung Magdeburgs am 16. Januar 1945, 2. Aufl., Magdeburg 1995.
Reuther, Iris/ Schulte, Monika: Städtebau in Magdeburg 1945–1990, 2 Teile, hrsg. vom Stadtplanungsamt Magdeburg, Magdeburg 1998.
Statistisches Taschenbuch Kreis Magdeburg/Stadt 1956, hrsg. von der Staatlichen Zentralverwaltung für Statistik, Magdeburg 1957.
Tullner, Mathias: Modernisierung und Scheinblüte – Magdeburg zwischen den Weltkriegen, in: Puhle (Hg.) 1995, S. 9–37.
Verwaltungsberichte der Stadt Magdeburg, 1939–1941.
Wille, Manfred: Der Himmel brennt über Magdeburg. Die Zerstörung der Stadt im zweiten Weltkrieg, Magdeburg 1990.
Wille, Manfred: Tod und Zerstörung durch Luftbombardements im Zweiten Weltkrieg, in: Puhle (Hg.) 1995, S. 38–73.
Zeitgeschichtliche Sammlung des Stadtarchivs Magdeburg, v.a. Zeitzeugenberichte zur Zerstörung Magdeburgs.

WEITERE BÜCHER AUS DEM WARTBERG VERLAG FÜR IHRE REGION

Magdeburg – Ein verlorenes Stadtbild
72 S., geb., zahlr. S/w-Fotos
(ISBN 3-86134-100-X)

Magdeburg – Luftbilder von gestern und heute
von Hans-Joachim Krenzke
und Elke Neubert
60 S., geb., zahlr. histor. S/w-Fotos.
(ISBN 3-86134-471-8)

Magdeburg – Gestern und heute
von Nadja Gröschner und Thomas Ziegler
60 S., geb., zahlr. S/w- und Farbfotos
(ISBN 3-8313-1117-X)

Magdeburg – Farbbildband dtsch./engl./franz.
von Nadja Gröschner und Thomas Ziegler
72 S., geb., zahlr. Farbfotos
(ISBN 3-86134-854-3)

Magdeburg-Neustadt – wie es früher war
von Herbert Rasenberger und Nadja Gröschner
72 S., geb., zahlr. S/w-Fotos
(ISBN 3-86134-994-9)

Magdeburg-Sudenburg – wie es früher war
von Nadja Gröschner und Dieter Niemann
72 S., geb., zahlr. historische S/w-Fotos
(ISBN 3-86134-589-7)

Das war das 20. Jahrhundert in Magdeburg-Sudenburg
von Dieter Niemann und Nadja Gröschner
64 S., geb., zahlr. S/w-Fotos, Großformat
(ISBN 3-86134-995-7)

Das war das 20. Jahrhundert in Magdeburg
von Hans-Joachim Krenzke
106 S., geb., über 2000 Nachrichten und 295 S/w-Fotografien
(ISBN 3-86134-523-4)

So schön war's damals – Kino, Theater, Varieté in Magdeburg
von Nadja Gröschner, Dieter Niemann
64 S., geb., zahlr. S/w-Fotos, Großformat
(ISBN 3-8313-1161-7)

Alt-Magdeburg auf den ersten Blick
von Nadja Gröschner und Herbert Rasenberger
48 S., geb., zahlr. S/w-Fotos
(ISBN 3-8313-1119-6)

Magdeburg – Auf den ersten Blick dtsch./engl./franz.
von Nadja Gröschner und Thomas Ziegler
32 S., geb., zahlr. Farbfotos
(ISBN 3-86134-855-1)

Erinnerungen an Magdeburg wie es einmal war
von Nadja Gröschner
64 Seiten, gebunden, zahlreiche S/w-Fotos
(ISBN 3-8313-1118-8)

Geheimnisvolles Magdeburg
Bernd Gottschalck
48 S., geb., zahlr. Farbfotos
(ISBN 3-8313-1220-6)

Neuerscheinung

Magdeburg-Ostelbien – wie es früher war
von Nadja Gröschner und Frank Kornfeld
72 S., geb., zahlr. historische S/w-Fotos
(ISBN 3-8313-1395-4)

WARTBERG VERLAG GMBH & CO. KG
Im Wiesental 1 · 34281 Gudensberg-Gleichen · Telefon: (0 56 03) 9 30 50 · Fax (0 56 03) 30 83
www.wartberg-verlag.de